경매하는 사람들

ⓒ 박종근, 김태호, 2024

이 책의 저작권은 저자에게 있습니다.
저작권법에 의해 보호를 받는 저작물이므로
저자의 허락 없이 무단 전제와 복제를 금합니다.

경매하는 사람들

나는
부동산 경매로
아름다운 나의 미래를 건축한다

경매하는 사람들 시리즈

경매하는 사람들

1판 1쇄 인쇄 2024년 1월 29일
1판 1쇄 발행 2024년 2월 10일

지은이 | 박종근, 김태호
발행처 | 에이원커뮤니케이션
등 록 | 제2021-000111호
주 소 | 서울시 중구 수표로 67 외환은행 지하호(수표동)
전 화 | (02)2269-5736
팩 스 | (02)2274-2550
e-Mail | aoned@hanmail.net
ISBN | 979-11-975877-1-9

프롤로그

며칠 전 지인들과 시립도서관 내 카페에서 담소를 나누고 있었다. 한 분이 이번 저의 딸 결혼식에 와주어서 고맙다는 인사를 하였고, 또 다른 이는 요즘 자식들이 결혼만 하여도 큰 효도를 하는 것이라는 농담 곁들인 말을 하면서 세상 변화됨을 실감했다.

부모들로서는 나이 든 자식이 결혼도 하지 않고 같이 붙어서 산다는 것이 여간 불편하고 걱정스러운 일이 아니다. 하지만 자식들의 처지에서는 대학을 나와도 변변한 정규직 직장을 구하기도 쉽지 않고, 직장생활을 하여도 언제 그만두어야 할지 모르는 불확실한 세상이니 결혼을 미루거나 하지 않는 세대가 증가하고 있는 것이 현실이다.

20여 년 부동산경매를 경험하다 보니 법원경매입찰장의 분위기도 많이 바뀐 듯하다. 간혹 외국인의 모습도 보이고, 간난이를 업고 나온 새댁의 모습도 보이고, 백발이 성성한 노인들의 모습도 보이고, 대학을 갓 졸업한 듯한 여성들도 입찰장에서 보았다.

평생직장의 개념이 옅어지고 있어 아예 청년취업을 하지 않고 처음부터 경매를 직업으로 삼는 젊은이들이 생겨났다. 또한, 수명이 길어진 탓인지 퇴직 후 제2의 직업으로 경매에 참여하는 인구도 꽤 많아진 것 같다.

이러한 이유로 남녀노소 경매를 처음 시작하거나 초급부터 고급까지 경험을 쌓아가며 경매를 직업으로 삼으며 수익을 창출하고자 하는 사람들에게 도움이 되고자 책을 집필하게 되었다.

대부분의 경매사건들은 하나의 경매사건을 기준으로 70~80%는 분석할 내용이 중복된다. 기본이 되는 70~80%의 내용을 확실하게 숙지한 뒤 당해 경매사건에 따른 새로운 부분의 20~30%를 연구하면 누구나 할 수 있는 일이라 생각한다.

이 책의 편집 방법은 경매의 주요한 기본이론을 설명하고, 실전 사례를 제시하여 실전 감각을 키우는 데 집중하였다.
제3편에서 부동산경매의 기본이론을 설명하고, 제4편에서 부동산경매 실전 사례를 통하여 하나의 경매사건을 물건선정부터 권리분석, 임장활동, 입찰계획, 입찰, 낙찰, 잔금납부, 배당, 명도 등을 처음부터 끝까지 집중적으로 기술하고, 반복되는 부분은 비교적 약술하며 그 경매사건만의 특이사항에 대하여 자세하게 기술하는 방식을 채택하였다.

세상살이는 어떠한 인연으로 시작하여 인과법칙에 의하여 어떠한 결과가 만들어질 것으로 생각한다. 이 책으로 인연이 되어 목표하는 성과가 나오길 기대한다.

차 례

프롤로그 · · · · · · · · · · · · · · · 005

제1편 경매하는 사람들 · · · · · · · 009
제2편 부동산 기초개념 · · · · · · · 031
제3편 부동산경매 기본이론 · · · · · 059
    제1장 부동산경매 기초 · · · · · · 062
    제2장 부동산경매 진행절차 · · · · 088
    제3장 임대차보호법 · · · · · · · · 115
    제4장 권리분석 · · · · · · · · · · 133
    제5장 응찰가격 산정 · · · · · · · 179
    제6장 배당 · · · · · · · · · · · · 196
    제7장 명도 · · · · · · · · · · · · 215
제4편 부동산경매 실전사례 · · · · · 227
    제1장 빌라경매 · · · · · · · · · · 230
    제2장 교회경매 · · · · · · · · · · 252
    제3장 사우나경매 · · · · · · · · · 286
    제4장 토지경매 · · · · · · · · · · 298
    제5장 토지만 경매 · · · · · · · · 326
    제6장 모텔경매 · · · · · · · · · · 339

에필로그 · · · · · · · · · · · · · · · 349

제1편

경매하는 사람들

경매하는 사람들 - 필자가 부동산경매를 처음으로 시작하면서 겪었던 경험들과 주변에서 부동산경매를 여러 유형으로 하던 사람들의 이야기

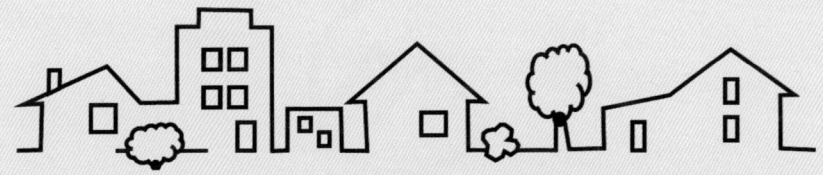

제1편 경매하는 사람들

01 필자
02 독서실 총무 홍사장
03 1호선 전회장
04 화려한 싱글 정대표
05 20대 여성 2인조

01 필자

경매를 처음 접하게 된 사건

1990년대 부모님이 고향인 지방의 한 도시에서 고양시 일산으로 이사를 하게 되었다. 그때 부모님들의 연세는 70대였는데 시골에 사시는 두 분이 마음에 걸렸기 때문에 자식들 대부분이 사는 서울의 주변인 일산으로 모시게 된 것이다.
그 당시 부모님께서는 농사일을 정리한 뒤 살고 계시던 시골집을 팔고 읍내 장터 근처에 있는 방 2개짜리 낡은 아파트에 전세로 살고 계셨다.

필자는 그 당시 공무원이어서 휴가를 내고 부모님의 이사를 하기 위해 친한 후배 한 명과 같이 내려갔다. 화물차도 알아보고 이삿짐도 싸고 분주하게 짐을 정리하고 있었는데 정작 임대보증금에 대하여 아버지께 여쭈어보니 며칠 전 임대인이 임대보증금을 돌려준다고 다녀간 뒤 연락이 끊겼다는 것이었다. 다행히도 임대인이 살고있는 집이 근처여서 후배와 같이 찾아가 보니 임대인의 어머니라는 분이 하시는 말씀이 아들은 집에 없고 가끔씩 새벽에 집에 들어온다며 자기는 임대 관계에 대하여는 잘 모르겠다는 것이었다. 휴대전화가 없던 시절이라 달리 임대인을 만날 방법이 없었고 연락이 안 되니 답답할 노릇이었다.

할 수 없이 돌아와 부모님 집에서 기다리고 있는데 50대 정도된 아저씨 두 분이 부모님 집에 찾아와서 자기들이 이 집을 공매로 받았으니 며칠 내로 집을 비워달라고 하는 것이었다. 그 두 사람은 공손하게 예의를 갖추어 말하였지만, 필자는 그 상황을 정확히 이해하지 못하였고 해결책이라고는 딱히 떠오르지 않았다. 사실 부끄러운 이야기지만 그때 당시 부동산등기부를 발급해서 채무나 경·공매 상황을 확인하는 것도 모를 정도로 부동산 분야의 무식쟁이였다.

후배와 둘이서 백 분 토론을 하여도 쉽사리 답을 얻지 못하고 임대인을 만나서 임대보증금을 돌려받는 것이 유일한 방법이라 결론을 내고 잠복근무에 들어갔다. 직업정신일까? 필자는 그 당시 직업이 대공 수사관이었다. 임대인의 어머니로부터 새벽에나 가끔 집에 들어온다고 들은 정보를 토대로 임대인의 집 근처에 승용차를 세워놓고 후배와 둘이서 차 속에서 간식거리

제1편
경매하는 사람들

를 먹어가면서 임대인 검거 작업에 들어갔다.

운이 좋았는지 잠복하던 다음 날 새벽녘에 임대인의 집 대문으로 삼십 대 초반 가량 되는 사람이 걸어 들어가는 것을 발견하고 따라가서 말을 걸어보니 그 임대인이 맞았다. 필자의 포스에 눌렸는지 아니면 공갈 협박에 굴복했는지는 몰라도 이야기 나눈 지 10여분 정도도 채 되지 않아 자기 집 뒷방에서 신문지로 싸여 있던 현금다발을 가지고 나오더니 현금을 세어서 임대보증금을 돌려주는 게 아닌가? 그리 많은 보증금은 아닌 것으로 기억되지만 현금을 들고 대문 밖으로 나오는데 순간 안도의 한숨과 부모님의 얼굴이 떠올랐다. 지금 생각해보니 아마도 그 임대인은 노름꾼이지 않았나 싶다. 아무튼, 큰 탈 없이 이사할 수 있었다.

경매를 직업으로 삼고 난 후 가끔 그 일이 떠올라 생각해보면 우울이 나온다. 등기부를 발부하여 채무와 경·공매 사항을 확인할 줄도 몰랐고, 그때 아저씨 두 분이 말했던 공매가 진짜로 공매였던 건지 아니면 법원경매였던 건지도 몰랐다. 하지만 약간의 공갈과 협박으로 부모님의 임대보증금을 운 좋게 돌려받았던 기억이 있다.

하지만 이렇게 매사가 운이 좋을 수만은 없을 것이다. 요즈음 전세사기 문제가 사회적 이슈가 되고 있다. 젊은 세대들이 어렵게 모은 돈을 통째로 날리는 일들을 뉴스에서 자주 접하게 된다. 우선 전세사기를 치는 사람이 너무도 나쁘지만, 전세사기를 당하는 사람도 잘한 일은 아니다. 즉, 무지가 무죄는 아니라는 말이다.

부동산과 관련해서 조금만 관심을 가지고 노력하면 얼토당토않은 피해는 최소한 막을 수 있다. 등기부 보는 방법과 부동산의 시세 평가하는 방법만 제대로 알아도 된다.
열심히 일하고 쓰지도 못하고 모아서 마련한 전세보증금을 무지와 무관심으로 날려 버린다면 참으로 안타까운 일이다.
부동산에 관한 기본지식은 이제 전문가들만의 영역이 아니라 일반인인 자신의 일임을 인식해야 한다. 왜냐하면, 어렵게 모은 내 전 재산을 지키고 나아가 늘려나가는 일은 국민 모두의 문제이기 때문이다.

경매를 직업으로 삼다

적성에 맞지 않는 공무원 생활을 정리하고 잠시 쉬면서 하는 일이라고는 밥먹고, 산에 가는 일 외에 귀 빠지고 처음으로 경제신문이라는 것을 읽게 되었다. 아마도 코리아헤럴드 영자신문 보는 것보다 어렵지 않았나 하는 생각이 들었다. 도대체 무슨 말인지 용어조차 알 수가 없었는데 한 두어 달 읽다 보니 조금씩 용어가 친숙하기 시작하였는데 주식, 채권 그리고 법원 경매공고문 그 세 가지가 눈에 띄었다. 그 당시에도 공무원 동기들이 주식 투자하는 친구들이 많았었는데 필자는 주식 한 주도 없었으니 아마도 경제 바보 중에도 바보였던 것 같다.

제1편
경매하는 사람들

새천년을 얼마 남겨 두지 않고 시끌벅적한 연말 분위기가 익어갈 무렵 재취업의 압박감 속에 친구와 우연히 저녁 식사 겸 반주하는 자리에서 친구의 후배와 합석하게 되었다. 명함을 받아보니 주식회사 ○○경매 대표이사 ○○○이었다. 이게 무슨 일인가 내가 경매회사 대표님을 만나게 되다니 이것은 우연이 아닌 필연이라고 스스로 생각을 세뇌하기 시작하였다. 왜냐하면, 향후 직업을 경제신문을 통해 주워들은 주식, 채권, 부동산경매 이 셋 중에서 하나를 하고 싶다는 생각을 하였기 때문이다. 그 세 가지가 돈을 많이 버는 분야라고 생각했다. 나의 두뇌는 참 단순하고 간편하다.

그로부터 얼마 지나지 않아 그 경매회사의 직원이 되었다.
참 쉽죠….
그 회사에는 경리직원 포함 여직원이 2명이나 있었는데도 그들보다 일찍 출근하여 쓰레기도 치우고 청소도 하였다. 왜냐하면, 할 줄 아는 일이 딱히 없었기 때문에 뭐라도 해야 했다. 대표님 지방 출장 가면 운전도 하면서 수습 보조사원 노릇을 한 달 정도 했다.

굼벵이도 기는 재주가 있다고 했던가 필자라고 해서 무지렁이는 아니었나 보다. 대학 시절 고시 공부한답시고 공부했었던 알량한 법률 지식과 공직생활 동안 경험했던 1대1 대인관계에서의 자신감은 경매를 빨리 습득하게 된 원동력이 되었다.

그 당시 시중 서점에 나와 있는 경매 서적 10여 권 정도를 한 번에 사서 한 달 내에 다 읽었다. 처음 한 두권이 어렵지 그다음부터는 내용 대부분이 반복되기 때문에 그리 어렵지 않았고 재미있었다. 거기에 모르는 것은 회사 대표님이 코치해 준 것들이 많이 도움이 되었다.

입사 2개월 차에 고양시에 소재한 교회 입찰 대행하는 업무를 처음으로 맡게 되었다. 회사 내부에서 입찰서 작성하는 방법에 대하여 교육을 받았지만, 막상 첫 경매법정에서 그 떨리는 심정은 뭐라 말할 수 없는 긴장감이 돌았다.

그 당시만 해도 고양지원이 없었고 의정부지방법원에서 진행하였기에 아침 일찍 차를 몰고 의정부에 있는 법원으로 갔다. 낙찰받고자 하는 매수인 쪽 장로님 세분이 나오셔서 그분들과 같이 입찰하였는데 첫 입찰에서 낙찰의 기쁨을 맛보고서 경매는 나의 인생이라 속으로 크게 외쳤다. 그 세 분 장로님한테는 죄송한 일이었지만 완전 생초보였던 필자는 운 좋게 낙찰의 영광을 마음속으로 누렸다.

지나고 보니 첫 입찰 건을 생초보인 필자 혼자 입찰법원에 보냈던 회사의 대표님 간덩이도 작지는 않았던 모양이다. 경매 입찰은 이십여 년이 지난 지금도 경매법정에서 입찰서를 제출할 때면 긴장된다. 입찰서를 또 보고 몇 번씩 보고 혹시나 잘못 쓴 것이 있나 하고 확인하는 버릇이 생겼다.

제1편
경매하는 사람들

경매회사 사장이 되다

경매업계에 진입한 지 4개월 만에 경매회사 사장이 되었다. 말도 안 될 법한 일이 현실로 일어났다. 그 당시 경매회사와 법무사 사무실은 갑과 을의 관계에 있었다. 경매회사가 낙찰을 받으면 법무사 사무실에서 잔금대출을 알선하고 등기업무를 따가기 위해 경매회사의 회식비를 지원해주고 법무사가 경매회사 회식 자리에 참석하곤 했다. 공무원 출신이었던 그 법무사와 필자는 친하게 지내게 되었는데 마침 그 법무사는 사장을 고용하여 법무사 사무실 외에 경매회사도 하나 운영하고 있었는데 경영이 시원치 않았던 터라 그 회사를 필자가 어찌어찌하다 보니 인수하게 되었다.

사장은 아무나 하는 것이 아니었다. 내돈내산 내 돈 들여 회사를 인수했음에도 직원들은 나의 직원이 아닌 듯했다. 지까지것 이 경매를 시작한 지 얼마나 되었다고 사장이야 돈 몇 푼 있으면 다야 뭐 이런 뜻이었으리라. 회사를 인수한 약 2개월 정도는 경매를 처음 시작하여 배울 때 보다 더 힘들었다. 직원들의 야릇한 무시와 왕따가 있었지만 그럴수록 더 열심히 경매업무에 매진했다.

그러던 중 서울 영등포구에 감정가 100억이 넘는 빌딩과 서초구에 빌딩을 아는 지인들에게 낙찰받아주고 명도까지 하는 컨설팅을 하여 거금을 용역수수료로 받고 나니 직원들의 태도가 금세 달라지기 시작하였다. 직원들의 마음 씁쓸이 때문에 쓸쓸

했지만, 그 일로 인하여 진정 세상을 배우는 계기가 되었다.

회사를 운영하다 보니 직원 수도 많았고, 한 달 처리해야 할 업무의 건수도 많았다. 초보 사장한테는 바짝 긴장해야 하는 일이었다. 디엠으로 보낸 경매 채무자나 임차인에게 걸려 오는 전화상담, 현장답사, 입찰, 상계처리, 잔금대출, 명도 등 정말 바빴던 시절이었다.

가장 많이 신경이 쓰였던 것은 직원들의 입찰행위 전에 결제를 해야 하는 점이다.
컨설턴트로서 자신의 업무만 하기도 벅찬 시점에서 사장으로서 회사 직원들의 입찰 건에 대한 사전 결제까지 해야 하는 상황이었다. 사장이 결제하게 되면 최종 책임은 사장이 지게 되는 것이기 때문에 정신줄을 놓아서는 안 되는 상황이었다.

한번은 경매사고가 일어날 뻔한 일이 있었다. 결혼을 앞둔 직원이 담당했던 아파트 경매 대행 사건인데 대항력 있는 선순위 임차인이 있는 것을 모르고 그냥 입찰해서 낙찰을 받고 신혼여행을 떠났다. 일이 잘못되려면 꼭 꼬이는 일이 있기 마련이다. 그 건은 너무도 쉬운 아파트 입찰 건이었고 사장인 필자가 지방 출장을 가서 결제하지 못한 상태에서 일어난 일이었다. 다행히도 법원에서 매각불허가결정이 나와서 큰 손실 없이 입찰보증금을 돌려받은 적이 있었다. 하마터면 입찰보증금을 고스란히 날릴 수밖에 없었던 경매사건이다.

제1편
경매하는 사람들

그렇게 많은 경매사건을 접하다 보니 힘이 좀 들기도 하였지만, 사건마다 설렜고 그 사건을 해결하기 위하여 노력하는 과정에서 실력이 늘었던 것 같다.

물론 지금도 경매사건의 모든 것을 안다고 할 수 없다. 단, 앞에서 언급하였듯이 대부분 경매사건의 분석할 내용의 70~80%는 중복된다. 그렇기에 몇 가지 사건을 제대로 분석하여 터득한 경매지식과 경험을 몸에 장착한다면 새로운 사건이 두렵기보다는 설레고 기다려질 것이다. 왜냐하면, 이 사건은 뭐가 다른 것이 있을까 하는 호기심이 발동하기 때문이다. 그 새로운 부분을 노력하여 터득하고 해결하고 나면 성취감과 자신감이 배가되고 또한 그런 것들이 쌓여 경매의 실력이 되지 않을까 생각한다.

지금 하고 있는 일

2024년 1월 부동산개발 현장에 신음소리가 들린다. 개발 현장의 보증을 선 건설회사나 대출을 한 금융사들의 워크아웃 그리고 법정관리 뉴스 소리가 점점 커지고 있다.

필자는 이러한 시점에 개발 현장의 부실로 나오는 개발부지와 공사중단 건물의 경·공매 업무에 집중하고 있다.

02 독서실 총무 홍사장

1980년대 군대를 제대하고 아르바이트로 독서실에서 총무 일을 할 때이다. 그때만 해도 대형 독서실이 유행하던 시절이다. 필자가 근무했던 곳은 지하 1층, 지상 4층 건물 전체를 독서실 영업을 위해 지어진 신축건물이었다.

오후 5시쯤 출근하여 퇴교하는 관내 중고등학교 학생들을 봉고차로 실어서 독서실에 데려오고 학생들의 입·퇴실 수속을 밟아 주는 등 독서실 전체를 관리하는 일이었다. 한 달에 서너 번 정도 청소하는 아주머니가 오지 않는 날에는 5층이나 되는 건물을 혼자서 청소까지 하고, 다음 근무자가 나오는 아침에 근무 교대하는 일이어서 시간적으로나 육체적으로 꽤나 힘이 필요한 일이었다.

제1편
경매하는 사람들

대학교 공부하랴 독서실 총무 일하랴 고등학생 수학 과외를 하랴 너무 바빠서 2년 정도 근무하던 중 독서실 총무 일을 그만두고 알고 지내던 지인에게 후임자로 인수인계하였다.

그는 너무도 근면하고 일을 잘하여 독서실 원장님으로부터 사랑받는 인재가 되었다. 그로부터 세월이 얼마 지난 후에 직업을 알선하여 주어 고맙다면서 그에게 식사대접을 받으면서 들었던 이야기 중 그는 충주에 있는 주택을 경매로 낙찰받았다는 것이다.
그때는 경매가 뭔지도 몰랐고 관심도 없었던 터라 그냥 흘려들었던 것 같았다. 그 당시 독서실 총무 월급이 그리 많지 않았던 터라 그가 정말 대단하다고 생각했다. 청년 시절에 적은 월급을 모아서 경매로 주택을 샀다고 생각하니 그가 정말 크게 될 재목임이 틀림이 없다고 생각했다.

그 후로 소식을 들어보니 한동안은 독서실 총무 일을 하면서 경매를 부업으로 하다가 경매소득이 커지면서 독서실 총무 일을 그만두고 부동산경매 일을 전업으로 하여 나이 사십이 되기도 전에 꽤 많은 부동산과 돈을 모았다고 들었다. 홍사장은 작은 키에 다부진 체격으로 사투리 짙은 찐 부산 사나이였다.

그를 통해서 본 바와 같이 부동산경매는 많은 인력과 자본 그리고 학력이 필요하지 않은 것 같다. 그는 고졸 학력에 가족도 없는 혈혈단신이었다. 물론 지금은 아니겠지만….

경매업계 입문 연도로 따져 보면 필자보다 대선배이다.

자기만의 뚜렷한 목표의식과 끈기가 있다면 경매는 성공할 수 있다고 생각한다. 세상일 대부분이 그렇지 않을까 하는 생각이 들기도 한다.

03 1호선 전회장

2000년 경매업계에 진입하여 경매회사 사장까지 되고 나니 자연스럽게 경매법원에 갈 일이 많아졌다. 그 당시는 수요와 공급 차원에서 본다면 경매물건은 많은 반면에 경매를 직업으로 삼는 사람은 지금보다는 훨씬 적었던 것 같다.

그러다 보니 경매법정에서 직업경매인들을 자연스럽게 알게 되었는데 그분들 중 나이가 60대 후반쯤 되는 남자분과 친하게 되어 대화를 나누던 중 그분은 지하철 1호선 부천역에서 청량리역까지 반지하나 다세대 빌라만 낙찰받는다고 하였다. 그래서 필자 등은 그분을 "1호선"이라 불렀다.

반값 정도의 가격으로 남들이 선호하지 않는 반지하나 원룸 투룸 등을 싹쓸이하는 방법이었다. 몇 명이 한 조를 이루어 한 명은 법원 입찰업무를 하고, 한 명은 입찰물건 정리 등 내근업무를 하며, 한 명은 명도, 건물 수리 등 현장업무를 한다고 설명을 들었다. 낙찰받은 물건을 현장 명도에서부터 인테리어 설비공사까지 인부를 사서 직접 한다고 들었다. 많은 건수를 취득하다 보니 여러모로 규모의 경제 효과도 있었으리라 생각이 든다. 물론 그때는 지금과는 대출이나 세금 경제환경 등이 달랐다.

그렇지만 오랫동안 교류하면서 들었던 내용은 엄청나게 많은 부동산의 소유와 효율적인 부동산관리를 했던 것으로 본다. 경매환경이 변해서 이러한 것을 그대로 적용한다는 것은 무리가 있지만, 목표의 명료성, 방법의 효율성 등은 벤치마킹할 만하다.

04 화려한 싱글 정대표

부동산대학원생 연령층이 30대부터 60대까지 다양하다. 공무원들은 일정 학점 이상 나오면 학비가 면제되어 노후를 대비하여 입학하기도 하고, 일반 회사에 다니는 회사원 중에서는 회사에서 등록금을 지원해주면서 승진에 도움이 되기 때문에 대학원에 입학한 경우도 있고, 석사학위가 필요해서 입학하는 경우도 있고, 경매가 직업이어서 좀 더 깊은 지식과 경험을 쌓기 위해 수강한 학생들도 있다.

부동산대학원 석사과정 경매과목 강의를 하면서 겪었던 일화가 있다.
수업 중 한 학생이 도로경매 시 발생한 법리적 문제점 등을 질의 해왔는데 강의를 하는 필자로서는 도저히 대답을 할 수가 없었다. 오히려 그 수강생한테 일방적인 강의를 받아야 하는 입장이었다. 특수한 분야기도 했지만, 도로경매의 경험을 해보지 못한 필자의 입장으로서는 일반 지식과 경험으로는 알 수가 없는 분야였다. 대학원 강의의 좋은 점은 강사가 모르는 것은 수강생들한테 발표를 시키면 된다는 것이다.

학기 기말고사를 마치고 종강 파티를 하던 날 수강생들과 식사를 하면서 담소를 나누던 중 수업시간에 난해한 질의로 곤란을 겪게 했던 수강생인 정대표가 자기는 이혼한 지 몇 년 되었고, 힘들었던 시절에 치열하게 부동산경매에 매달렸다고 본인을 소개하며 나름의 성공담으로 도로경매 이야기를 꺼냈다. 필자 역시 다른 수강생과 마찬가지로 수강생 모드로 진지하게 청취했는데 그녀의 설명에는 깊이 있는 노하우가 묻어 있었다.

그녀는 개업공인중개사였는데 우연한 기회로 도로를 경매로 낙찰받게 되었는데 고수익을 얻게 되었고 그 이후 그 분야를 집중적으로 연구하여 낙찰받고 현금화하여 자칭 도로경매 전문가라고 소개했다. 자주 낙찰받기보다는 특수한 분야이다 보니 현금화할 수 있는 대책이 어느 정도 계산이 설 때 낙찰을 받는다는 것이었다.

지금은 중개법인의 대표로 직원을 몇 명 두고 중개업무와 경매업무를 하면서 나름 고수익을 올리고 있다고 소개하였다. 듣는 사람으로서는 자랑으로 들릴 수도 있었지만, 충분히 자랑할 만하다고 인정하고 싶었다.

요즈음 흔히 말하는 화려한 돌싱의 표본으로 자기 일에 성과를

제1편
경매하는 사람들

내고 경제적으로 자유가 충만해서인지 삶의 여유와 풍요로움이 느껴졌다.

지역에서 개업공인중개사 업무를 하다 보니 재개발 재건축이 예상되는 곳을 알고 있어서 그곳에서 경매로 나오는 물건을 대상으로 입찰하여 낙찰받은 후 되팔거나 분양권을 받는 것도 고수익분야라고 말하였다.

이렇듯 경매의 영역도 아주 다양하며 전문적인 분야가 존재한다. 정대표처럼 한두 가지 주 종목을 선정하고 집중적으로 투자하여 수익을 내는 것이 바람직하다고 생각한다. 경매의 모든 분야를 섭렵하기가 어렵기도 하거니와 효율성이란 입장에서도 한두 가지 주 종목을 설정하여 집중적으로 투자하는 정대표의 경매전략을 고려해볼 만하다.

05 20대 여성 2인조

2023년 10월 여주에 있는 토지경매를 위하여 여주법원에서 입찰할 때 경험한 일이다. 입찰서 접수 마감을 하고 집행관이 개찰을 진행하던 중이라 경매법정에서 입찰한 물건의 개찰을 기다리고 있었다.

그런데 20대 중반쯤 되는 여성 둘이서 집행관이 진행하던 말 중 이해가 되지 않았는지 필자에게 작은 소리로 "차순위 신고"가 뭐냐고 물어보는데 조금은 난감하였다. 사람들이 빼곡히 모여있는 경매법정에서 수치를 동원해서 개념을 자세하게 설명할 수가 없으니 대충 설명할 수밖에 없었다.

그날 여주 토지경매 입찰은 패찰하였다. 친구와 둘이서 법정을 나오는데 법정에서 필자에게 '차순위 신고'를 물어보았던 그

제1편
경매하는 사람들

녀들을 법정 밖에서 만나게 되었다. 그녀들이 먼저 다가와 설명해주어서 고맙다고 인사를 하기에 필자도 그녀들에게 물어보았다. 경매하신 지 얼마나 되었냐고 했더니 둘은 대학 동창 사이인데 졸업하고 취업을 하지 않았고 올봄부터 둘이서 경매 공부도 같이하고 한 팀이 되어 법인을 설립하고 경매를 전업으로 일하고 있다고 했다.

참으로 세상이 많이 변한 것 같다. 이십여 년 전 경매를 시작했을 때는 이런 모습을 본 적이 없었다. 이러한 여성 2인조 경매팀은 꼭 성공할 것이다. 왜냐하면, 강한 목표의식과 높은 지식수준과 빠른 실행능력 그리고 힘들 때 의지할 수 있는 동지가 있으니 잘되지 않을 이유가 없다고 생각한다. 그녀들의 경매사업이 번창하기를 기원한다.

제2편
부동산 기초개념

부동산경매를 알기 위해서는 첫 번째로 부동산에 대한 기초적인 개념에 대해서 알아야 할 필요가 있다.
본 편에서는 우리가 살아가는 데 꼭 필요한 부동산에 대한 기초지식을 알아보자

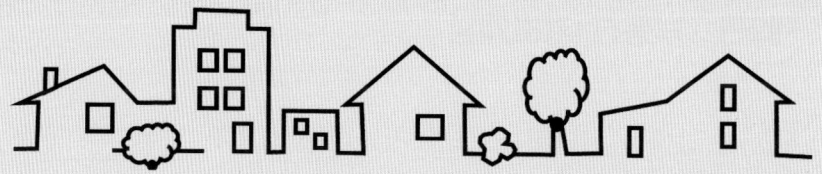

제2편 부동산 기초개념

01 부동산의 개념

02 토지의 분류 (용도지역별)

03 토지의 분류 (지목별)

04 주택의 분류

05 건축물의 용도변경

06 물권과 채권의 구분

07 부동산 공부서류

제2편 부동산 기초개념

부동산 경매업무를 하다 보면 시간이 흐를수록 경매업무 내용 자체보다 경매업무를 둘러싼 일반 부동산 지식과 법률 지식의 필요성을 많이 느끼게 되었다. 경매업무를 계속하다 보면 대부분 내용이 반복되다 보니 어느 정도 시간이 지나가게 되면 터득하게 됨을 알 수 있다.

무슨 일이든지 기초가 중요하다고 하듯이 부동산의 전반적인 지식이나 법률 지식은 어느 순간에 깨우칠 수가 없는 것도 사실이다. 그러나 겁먹을 필요는 없다. 그때그때 필요할 때마다 집중적으로 연구해서 그 사건에서 요구하는 논리와 법리를 알아내고 정리해놓으면 그것이 경매실력으로 쌓인다고 본다.

경매분석에 제일 기초가 되며 중심이 되는 것은 뭐니 뭐니 해도 등기부 보는 방법일 것이다. 등기부를 해독하지 못한다면 경매업무를 할 수 없다. 또한, 주택임대차보호법과 상가건물임대차보호법 또한 경매업무를 함에 있어서 기초가 된다. 낙찰받을 부동산에 주택임대차보호법에 의한 임차인으로 등재되어 있는 임차인이 있다면 임차보증금을 낙찰자가 인수해야 할 경우도 있기 때문이다.

경매에서 반복이 되는 부분 외에 그 사건만의 특별한 분석이 필요한 경우가 있다.

예를 들면 특별법의 규정으로 "체육시설의 회원권이 있는 경매부동산을 낙찰받았을 때 낙찰자는 그 회원권을 인수해야 한다"는 규정이 있다. 경매를 하면서 이러한 법 규정을 자주 접할 기회가 없고 대부분 처음 만나게 되는 상황이다.

여기에서 체육시설이란 무엇이며, 회원권은 무엇이며, 인수한다면 어떤 경우에 인수하며, 무엇을 인수하는가 등의 의문점 등이 생긴다.

그런데 이런 경우 어떻게 해결해야 할까?

여기에서 키워드는 체육시설, 회원권, 낙찰자 인수 등이다. 포털 사이트에 키워드를 검색해보면 당해 내용의 각종 게시글과 해당 법률 등이 소개되어 있다. 해당 법률 규정(체육시설의 설치 및 이용에 관한 법률 제27조)을 자세히 숙지해놓고 정리해두면 그것이 경매지식과 힘이 되는 것이다.

01 부동산의 개념

민법 제98조에 의하면 『물건』이라 하면 유체물 및 전기 기타 관리할 수 있는 자연력이다.

민법 제99조 제1항에 의하면 토지 및 그 정착물을 『부동산』이라 한다.

민법 제99조 제2항에 의하면 부동산이 아닌 물건은 『동산』이라 한다.

부동산(不動産)은 토지나 건물처럼 움직여서 옮길 수 없는 재산이다. 동산(動産)의 반대말이다.

『준부동산 이나 의제부동산』이라 하면 동산이지만 등기나 등록을 하는 등 법적으로서 부동산과 같이 취급하는 물건으로 자동차나, 선박, 비행기 및 건설 중장비 등이 있다.

이것들은 본질적으로는 동산이지만 경제적 가치가 크므로 부동산처럼 취급하여 부동산경매의 대상이 된다.

제2편
부동산 기초개념

02 토지의 분류 (용도지역별)

용도지역	세분된 용도지역		건폐율	용적률
도시지역	주거지역	제1종 전용주거지역	50%	50~100%
		제2종 전용주거지역	50%	100~150%
		제1종 일반주거지역	60%	100~200%
		제2종 일반주거지역	60%	150~250%
		제3종 일반주거지역	50%	200~300%
		준주거지역	70%	200~500%
	상업지역	중심상업지역	90%	400~1,500%
		일반상업지역	80%	300~1,300%
		유통상업지역	80%	200~1,100%
		근린상업지역	70%	200~900%
	공업지역	전용공업지역	70%	150~300%
		일반공업지역	70%	200~350%
		준공업지역	70%	200~400%
	녹지지역	보전녹지지역	20%	50~80%
		생산녹지지역	20%	50~100%
		자연녹지지역	20%	50~100%
관리지역	보전관리지역		20%	50~80%
	생산관리지역		20%	50~80%
	계획관리지역		50%	50~100%
농림지역			20%	50~80%
자연환경 보전지역			20%	50~80%

03 토지의 분류 (지목별)

번호	지목	내용
01	전	물을 상시적으로 이용하지 않고 식물을 재배
02	답	물을 상시적으로 이용하여 벼, 연, 미나리 등을 재배
03	과수원	사과, 배 등 과수류를 집단적으로 재배
04	목장용지	축산업, 낙농업, 가축사육
05	임야	산림, 수림지, 죽림지, 황무지
06	광천지	지하에서 온수, 약수, 석유류의 용출구
07	염전	바닷물을 끌어들여 소금 채취
08	대	영구적인 건축물 중 주거, 사무실 점포 등의 부지
09	공장용지	제조업을 하고 있는 공장시설용 부지
10	학교용지	학교의 교사, 체육장 등 시설부지
11	주차장	자동차 주차시설, 주차전용 건축물 부지
12	주유소용지	석유 및 석유제품, 액화가스 등의 판매시설 부지
13	창고용지	물건 등을 보관, 저장, 냉동, 물류, 양곡 창고
14	도로	보행이나 차량 운행에 이용되는 토지
15	철도용지	교통 운수를 위해 일정한 궤도 등의 설비를 위한 부지
16	제방	조수, 자연유수, 모래, 바람 등을 막기 위한 방파제 등의 부지
17	하천	자연의 유수가 있거나 있을 토지
18	구거	용수 또는 배수를 위해 일정한 인공적인 부지
19	유지	물이 고이거나 상시적으로 물을 저장하고 있는 토지
20	양어장	육상에 인공적으로 조성된 양식시설 토지
21	수도용지	물을 정수하여 공급하기 위한 토지
22	공원	일반공중의 보건 휴양을 위한 시설을 갖춘 토지
23	체육용지	국민의 건강증진을 위한 체육활동에 시설을 갖춘 토지
24	유원지	일반공중의 위락, 휴양시설, 수영장 등
25	종교용지	일반공중의 종교의식을 위한 예배 제사 등을 위한 시설용지
26	사적지	문화재로 지정된 유적, 고적, 기념물을 보존하기 위한 토지
27	묘지	사람의 시체나 유골이 매장된 토지
28	잡종지	다른 지목에 속하지 않은 토지

제2편
부동산 기초개념

04 주택의 분류

구 분		명 칭	구분기준
주 택	단독주택	단독주택	한 세대가 독립적으로 거주할 수 있는 구조의 주택 면적 제한 없고, 층수 제한 없음
		다가구주택	19세대 이하, 소유권은 1개 필로티는 층수 불포함 연면적 660㎡ 이하, 3개층 이하
		다중주택	연면적 330㎡ 이하, 3개층 이하 각 실별로 욕실가능, 취사 불가능 학생, 직장인 등 장기거주
		공 관	정부의 관리가 관사로 사용하는 주택
	공동주택	아파트	5층 이상
		연립주택	1개 동의 연면적 660㎡ 이상, 5층 미만
		다세대주택	1개 동의 연면적 660㎡ 미만, 5층 미만
준주택		고시원	2종 근생(1,000㎡이하), 숙박시설(1,000㎡이상)
		노인복지주택	노유자시설
		기숙사	공동취사 가능, 공동주거 형태
		오피스텔	일반업무시설
국민주택			국민주택기금으로 건설, 전용면적 85㎡이하
도시형생활주택 300세대 미만 전용면적 85㎡이하		단지형연립	바닥면적 660㎡초과, 4개층 이하
		단지형다세대	바닥면적 660㎡이하, 4개층 이하
		원룸형	세대별 전용면적 50㎡이하, 욕실, 부엌 독립

05 건축물의 용도변경

건축물의 용도변경은 이미 사용승인을 받은 건축물의 용도를 필요에 의하여 다른 용도로 변경하는 행위를 말한다.

건축물의 용도변경은 변경하려는 용도의 건축기준에 적합하여야 하며, 건축물의 용도를 변경하고자 하는 때에는 건축물 용도의 변경범위에 따라 특별자치도지사 또는 시장·군수·구청장의 허가를 받거나 신고 또는 건축물대장 기재 내용의 변경을 신청하여야 한다.

① 허가대상 : 시설군에 속하는 건축물의 용도를 상위군의 해당 용도로 변경하는 경우

② 신고대상 : 시설군에 속하는 건축물의 용도를 하위군의 해

당 용도로 변경하는 경우

③ 건축물대장 기재 내용 변경신청 대상 : 같은 시설군 안에서 용도를 변경하는 경우

건축물 용도변경과 관련한 시설군 및 각 시설군에 속하는 건축물의 세부 용도는 다음과 같다.

예를 들어, 제7호 근린생활시설군에 속한 제2종 근린생활시설을 제5호 영업시설군에 속한 운동시설로 용도변경을 하고자 할 때는 상위군으로 용도를 변경하는 경우에 해당하므로 건축물 용도변경을 허가받아야 하며, 반대의 경우는 하위군으로 용도를 변경하는 경우에 해당하므로 건축물 용도변경을 신고하여야 한다. (네이버 지식백과)

건축물의 용도변경

1. 자동차 관련 시설군
   (자동차 관련시설)

2. 산업 등 시설군
   (공장, 창고, 운수시설, 위험물저장/처리시설, 자원순환관련시설, 묘지관련시설, 장례식장)

3. 전기통신 시설군
   (방송통신시설, 발전시설)

⋮

7. 근린생활 시설군
   (제1·2종 근린생활시설)

8. 주거업무 시설군
   (단독주택, 공동주택, 업무시설, 교정 및 군사시설)

9. 그 밖의 시설군
   (동물 및 식물 관련시설)

허가 ↑   ↓ 신고

↔ 건축물 대장 기재내용 변경

제2편
부동산 기초개념

06 물권과 채권의 구분

구 분	물 권	채 권
의 의	특정 물건을 직접 지배하는 권리	특정인에게 행하는 권리
공 시	공시 ○	공시 X
형 태	물권법정주의	계약자유주의 원칙
객 체	물건	특정인의 행위
효 력	대세적, 절대적	대인적, 상대적
배타성	일물일권주의 ○	일물일권주의 X
양도성	○	△
사 례	(근)저당	(가)압류
경 매	임의경매	강제경매
배 당	우선변제	안분배당
채권의 물권화	주택임대차 계약(채권) + 확정일자 ⇨ 우선변제(물권화)	

07 부동산공부서류

1. 등기사항전부증명서

등기부등본이라 불리다가 등기사항전부증명서로 명칭을 변경하였다.
부동산은 각종의 권리관계가 복잡하게 얽혀있는 경우가 대부분이다.

경매로 부동산을 취득하고자 할 때는 권리분석이 중요한데 이 권리분석의 기초가 되는 가장 중요한 서류가 등기사항전부증명서이다. 이에는 세 가지 종류가 있는데 건물, 토지, 집합건물 등기사항전부증명서가 있다.

등기부는 표제부, 갑구, 을구로 구성되어 있고, 뒤에 있는 주요

등기사항 요약(참고용)은 현재 남아 있는 유효사항만 빨리 확인할 때 이용하면 편리하다.
집합건물의 경우에는 1동의 건물의 표제부와 전유부분의 건물의 표제부 2개로 구성되어 있다.

(1) 표제부
해당 부동산의 소재지, 건물명칭, 건물내역, 지목, 면적, 대지권의 표시 등 부동산의 개략적인 사항이 표시되어 있다.

(2) 갑구
소유권에 관한 사항이 표시된다. 등기목적, 접수번호, 등기원인, 권리자 및 거래가액이 표시된다. 소유권에 관련한 사항이라면 압류, 가압류, 가등기, 가처분, 경매개시결정등기 등을 표시한다.

(3) 을구
소유권 이외의 권리에 관한 사항이 표시된다. 용익물권인 저당권, 전세권, 지역권, 지상권 등을 표시하며 임차권등기 사항도 표시할 수 있다.

(4) 주요 등기사항 요약(참고용)
등기부를 열람할 때 요약 체크를 하면 현재 유효한 사항만 내용만 볼 수 있다.

집합건물 1동의 건물 표제부

표시번호	접 수	소재지번,건물명칭 및 번호	건 물 내 역	등기원인 및 기타사항
1		~~경기도 가평군 가평읍 대곡리 426-6~~	~~철근콘크리트조 철근콘크리트지붕 4층 공동주택(연립주택11세대) 1층 210.84㎡ 2층 210.84㎡ 3층 210.84㎡ 4층 210.84㎡ 옥탑층 25.44㎡(연면적 제외)~~	~~2017년5월23일 등기~~
2				~~건축법상 사용승인 받지 않은 건물임~~
3	2021년6월14일			2020년12월28일 사용승인으로 인하여 2번등기 말소
4		경기도 가평군 가평읍 대곡리 426-6 [도로명주소] 경기도 가평군 가평읍 석봉로3번길 40	철근콘크리트조 철근콘크리트지붕 4층 공동주택(연립주택11세대) 1층 210.84㎡ 2층 210.84㎡ 3층 210.84㎡ 4층 210.84㎡ 옥탑층 25.44㎡(연면적 제외)	도로명주소 2021년6월14일 등기
(대지권의 목적인 토지의 표시)				
표시번호	소 재 지 번	지 목	면 적	등기원인 및 기타사항
1	1. 경기도 가평군 가평읍 대곡리 426-6	대	1139㎡	2021년6월14일 등기

1동의 건물 전체에 대하여 개략적으로 파악할 수 있도록 소재지, 층수, 층별 연면적, 대지권의 목적인 토지의 지목 및 면적 등이 표기된다.

집합건물이란 『집합건물의소유및관리에관한법률』의 적용대상인 건물인데 1동의 건물 중 구조상 구분된 수 개의 부분이 독립한 건물로써 사용될 수 있는 건물로 아파트, 연립주택, 다세대, 오피스텔, 빌딩 등이 있다.

집합건물 전유부분의 건물의 표제부

[집합건물] 경기도 가평군 가평읍 대곡리 426-6 제4층 제401호				
【 표 제 부 】 (전유부분의 건물의 표시)				
표시번호	접 수	건물번호	건물내역	등기원인 및 기타사항
1		제4층 제401호	철근콘크리트구조 81.9㎡	2017년5월23일 등기
(대지권의 표시)				
표시번호	대지권종류		대지권비율	등기원인 및 기타사항
1	1 소유권대지권		1139분의 129.131	2021년6월2일 대지권 2021년6월14일 등기

집합건물의 경우에는 1동의 건물의 표제부와 전유부분의 건물의 표제부 2개로 구성되어 있다.

이 중 전유부분의 건물의 표제부에는
해당 부동산의 소재지, 건물명칭, 건물번호, 건물내역, 등기원인 및 기타사항, 대지권의 표시 등 부동산의 개략적인 사항이 표시되어 있다.

여기에서의 대지권의 표시는 해당 전유부분의 건물만의 대지권에 관한 사항이다.
대지권의 비율 1139분의 129.131로 표시되어 있는데 이는 집합건물 전체 대지 중에서 해당 호수에 대한 대지 지분을 나타내는 것으로 토지의 면적을 중요시하는 재건축 시 입주자 권리의 기준이 되는 중요한 자료이다.

갑구 (소유권에 관한 사항)

【 갑 구 】 (소유권에 관한 사항)				
순위번호	등 기 목 적	접 수	등 기 원 인	권리자 및 기타사항
1	소유권보존			소유자 우범제 420130-******* 서울특별시 중랑구 상봉로15나길 2 (면목동) 가압류등기의 촉탁으로 인하여 2017년5월23일 등기
2	가압류	2017년5월23일 제12923호	2017년5월18일 의정부지방법원의 가압류 결정(2017카단50047)	청구금액 금280,000,000원 채권자 박창순 561013-******* 서울특별시 동작구 동용로 37, 107동 1203호 (상도동,상도래미안1차아파트)
3	2번가압류등기말소	2017년6월26일 제15884호	2017년6월21일 해제	
4	임의경매개시결정	2017년10월27일 제27572호	2017년10월27일 의정부지방법원의 임의경매개시결정(2017타경23984)	채권자 신의우 480930-******* 서울특별시 강북구 삼양로173길 31-13, 가동 301호 (우이동,안양빌라)
5	압류	2018년11월13일 제30266호	2018년11월13일 압류 (세정과-5627)	권리자 가평군

소유권에 관한 사항이 표시된다. 등기목적, 접수번호, 등기원인, 권리자 및 거래가액이 표시된다. 소유권에 관련한 사항이라면 압류, 가압류, 가등기, 가처분, 경매개시결정등기 등을 표시한다.

등기목적은 소유권보존, 소유권이전, 임의경매개시결정, 강제경매개시결정, 위의 사항 말소 등이 표시되며, 소유권에 관한 사항이나 소유권의 제약에 관한 사항이 표기된다.

제2편 부동산 기초개념

을구 (소유권 이외의 권리에 관한 사항)

【 을 구 】			(소유권 이외의 권리에 관한 사항)	
순위번호	등 기 목 적	접 수	등 기 원 인	권리자 및 기타사항
1	(1)근저당권설정	2017년6월12일 제14604호	2017년6월9일 설정계약	채권최고액 금320,000,000원 채무자 주명규 경기도 가평군 가평읍 문화로 296, 402호 (경동주택) 우범해 서울특별시 중랑구 상봉로15나길 2 (면목동) 근저당권자 조용무 430715-******* 서울특별시 영등포구 국제금융로 109, 에이동 1108호 (여의도동, 삼이아파트) 공동담보목록 제2017-304호
1	(2)근저당권설정	2017년6월12일 제14604호	2017년6월9일 설정계약	채권최고액 금240,000,000원 채무자 주명규 경기도 가평군 가평읍 문화로 296, 402호 (경동주택) 우범해 서울특별시 중랑구 상봉로15나길 2 (면목동) 근저당권자 박재성 390109-******* 경기도 성남시 분당구 분당로201번길 17, 105동 802호 (서현동, 효자촌) 공동담보목록 제2017-308호

[집합건물] 경기도 가평군 가평읍 대곡리 426-6 제4층 제401호				
순위번호	등 기 목 적	접 수	등 기 원 인	권리자 및 기타사항
				부산광역시 연제구 법원남로9번길 10-1, 4층 (거제동) 근저당권자 주해성 900929-******* 경기도 남양주시 진접읍 부평로48번길 110, 111동 2701호 (서희스타힐스) 공동담보 건물 경기도 가평군 가평읍 대곡리 426-6 제2층 제202호
8	주택임차권	2022년12월23일 제28070호	2022년12월22일 의정부지방법원 남양주시원가평 군법원의 임차권등기명령 (2022카임3)	임차보증금 금22,000,000원 범 위 건물 전부 임대차계약일자 2021년11월8일 주민등록일자 2022년10월24일 점유개시일자 2021년11월22일 확정일자 2022년12월14일 임차권자 김명숙 740928-******* 경기도 가평군 가평읍 석봉로3번길 40, 401호
8-1				8번 등기는 건물만에 관한 것임 2022년12월23일 부기

소유권 이외의 권리에 관한 사항이 표시된다. 용익물권인 저당권, 전세권, 지역권, 지상권 등을 표시하며 임차권등기 사항도 표시한다.

50 부동산 기초개념 - 부동산공부서류

공동담보목록

【공동담보목록】					
목록번호	2017-304				
일련번호	부동산에 관한 권리의 표시	관할등기소명	순위번호	기 타 사 항	
				생성원인	변경/소멸
1	[토지] 경기도 가평군 가평읍 대곡리 426-6	의정부지방법원 남양주지원 가평등기소	14	2017년6월12일 제14604호 설정계약으로 인하여	2019년3월12일 제8171호 임의경매로 인한 매각
2	[건물] 경기도 가평군 가평읍 대곡리 426-6 제1층 제101호	의정부지방법원 남양주지원 가평등기소	1	2017년6월12일 제14604호 설정계약으로 인하여	2019년3월12일 제8171호 임의경매로 인한 매각
3	[건물] 경기도 가평군 가평읍 대곡리 426-6 제1층 제102호	의정부지방법원 남양주지원 가평등기소	1	2017년6월12일 제14604호 설정계약으로 인하여	2019년3월12일 제8171호 임의경매로 인한 매각
4	[건물] 경기도 가평군 가평읍 대곡리 426-6 제2층 제201호	의정부지방법원 남양주지원 가평등기소	1	2017년6월12일 제14604호 설정계약으로 인하여	2019년3월12일 제8171호 임의경매로 인한 매각
5	[건물] 경기도 가평군 가평읍 대곡리 426-6 제2층 제202호	의정부지방법원 남양주지원 가평등기소	1	2017년6월12일 제14604호 설정계약으로 인하여	2019년3월12일 제8171호 임의경매로 인한 매각

공동담보의 등기신청서에 첨부되는 담보목적물을 표시한 목록이다.
공동담보의 목적부동산이 5개 이상인 경우에 저당권설정 신청서에 공동담보목록을 첨부해야 한다.

공동담보목록은 각 부동산의 등기에 관하여 공동담보로 되어있는 다른 부동산을 표시하는 불편을 피하기 위하여 설정한다. 물론 공동담보목록이 있는 경우에만 표시된다.

주요 등기사항 요약 (참고용)

주요 등기사항 요약 (참고용)

[주 의 사 항]
본 주요 등기사항 요약은 증명서상에 말소되지 않은 사항을 간략히 요약한 것으로 증명서로서의 기능을 제공하지 않습니다.
실제 권리사항 파악을 위해서는 발급된 증명서를 필히 확인하시기 바랍니다.

고유번호 2845-2017-001919

[집합건물] 경기도 가평군 가평읍 대곡리 426-6 제4층 제401호

1. 소유지분현황 (갑구)

등기명의인	(주민)등록번호	최종지분	주 소	순위번호
주식회사대명디앤아이 (소유자)	180111-1041647	단독소유	부산광역시 연제구 법원남로9번길 10-1, 4층 (거제동)	11

2. 소유지분을 제외한 소유권에 관한 사항 (갑구)

순위번호	등기목적	접수정보	주요등기사항	대상소유자
12	임의경매개시결정	2022년12월5일 제26452호	채권자 삼성생명보험 주식회사	주식회사대명디앤아이

3. (근)저당권 및 전세권 등 (을구)

순위번호	등기목적	접수정보	주요등기사항	대상소유자
4	근저당권설정	2021년8월13일 제20018호	채권최고액 금96,960,000원 근저당권자 삼성생명보험주식회사	주식회사대명디앤아이
7	근저당권설정	2022년7월19일 제15655호	채권최고액 금200,000,000원 근저당권자 주혜심	주식회사대명디앤아이
8	임차권설정	2022년12월23일 제28070호	임차보증금 금22,000,000원 임차권자 김명숙	주식회사대명디앤아이

부동산등기사항 중 말소된 사항은 표시되지 않고, 현재 유효한 사항만 기재한다.

소유권에 관한 사항(갑구), 소유권 이외의 사항인 근저당권, 전세권, 임차권(을구)을 표시하여 빠르게 현재의 결과만 확인하고자 할 때 유용하다.

단, 발급 시 추가 비용 없이 선택하여 사용할 수 있다.

2. 건축물대장

(1) 의의
건축물의 위치·면적·구조·용도·층수 등 건축물의 표시에 관한 사항과 건축물 소유자의 성명·주소·소유권 지분 등 소유자 현황에 관한 사항을 등록하여 관리하는 대장을 말한다.

(2) 종류
일반 건축물대장 : 일반건축물에 해당하는 건축물 및 대지에 관한 현황을 기재한 건축물대장
집합건축물대장 : 집합건축물에 해당하는 건축물 및 대지에 관한 현황을 기재한 건축물대장

(3) 기재사항
① 「건축법」에 따라 사용승인서를 내준 경우
② 「건축법」에 따른 건축허가 대상 건축물(건축 신고대상 건축물 포함) 외 건축물의 공사를 끝낸 후 기재를 요청한 경우
③ 「집합건물의소유및관리에관한법률」에 따른 건축물대장의 신규등록 및 변경등록을 신청한 경우
④ 「건축법」 시행일 전에 법령 등에 적합하게 건축되고 유지·관리된 건축물의 소유자가 그 건축물의 건축물관리대장이나 그 밖에 이와 비슷한 공부를 건축물대장에 옮겨 적을 것을 신청한 경우
⑤ 건축물의 증축·개축·재축·이전·대수선 및 용도변경에

의하여 건축물의 표시에 관한 사항이 변경된 경우
⑥ 건축물의 소유권에 관한 사항이 변경된 경우
건축물대장은 건축물 한 동을 단위로 하여 각 건축물마다 작성하고, 부속건축물이 있는 경우 부속건축물은 주된 건축물대장에 포함하여 작성한다.

[집합건축물대장(전유부, 갑) 양식 이미지]

3. 토지대장

(1) 의의

토지의 소재·지번·지목·면적, 소유자의 주소·주민등록번호·성명 또는 명칭 등을 등록하여 토지의 상황을 명확하게 하는 장부이다.

(2) 내용

① 토지의 소재 : 토지가 존재하는 장소의 시·구·군을 표시하고 1필마다 지번을 붙이고, 그 지목과 면적을 정한다.

② 지번 : 토지에 붙어 있는 번호를 말하는데, 대통령령이 정하는 바에 따라 소관청이 지번 지역별로 번호를 정한다.

③ 지목 : 토지의 주된 사용 목적에 따라 토지의 종류를 구분, 표시하는 것으로, 예컨대 논·밭·과수원·목장용지·임야·도로·하천·묘지·염전·대·공원·잡종지 등이다.

④ 면적 : 지적측량에 의하여 지적공부에 등록된 토지의 수평면적을 말하며, 토지대장에 등록하는 면적은 평방미터를 단위로 하여 정한다.

⑤ 소유자의 주소·주민등록번호·성명 또는 명칭.

⑥ 기타 내무부령으로 정하는 사항 등이다.

또한, 위와 같은 등록사항 이외에 첫째로 고유번호, 둘째로 지적도의 도로와 당해 대장의 매순, 셋째로 토지등급 또는 기준수확량등급을 등록하여야 한다. 소관청은 위와 같은 사항 이외에 도시계획구역 내에 있어서는 용도지역에 관한 사항을 토지대장에 참고사항으로 기재할 수 있다.

제2편
부동산 기초개념

토지대장 (참고용)

고유번호	4182025022-10426-0006			토 지 대 장	도면번호	13	발급번호	202441820-00498-6851
토지소재	경기도 가평군 가평읍 대곡리				장번호	1-1	처리시각	12시 10분 10초
지번	426-6	축척	1:1200		비고		발급자	인터넷민원

토 지 표 시				소 유 자			
지목	면적(㎡)		사유	변동일자	주소		
				변동원인	성명 또는 명칭		등록번호
(08) 대	+1139+	(40) 2020년 09월 11일 지목변경		2021년 06월 14일 (21)대지권설정			
		--- 이하 여백 ---		--- 이하 여백 ---			

등급 수정 년월일								
토지 등급 (기준수확량등급)								
개별공시지가기준일	2017년 07월 01일	2018년 01월 01일	2019년 01월 01일	2020년 01월 01일	2021년 01월 01일	2022년 01월 01일	2023년 01월 01일	용도지역 등
개별공시지가(원/㎡)	79600	79500	82600	90300	165800	179500	166400	

토지대장에 의하여 작성한 등본입니다.

2024년 1월 10일

경기도 가평군수

4. 토지이용계획확인원

(1) 의의
특정 토지를 개발하려고 할 때 그 토지의 행위가능 여부, 건폐율, 용적률, 층수, 높이제한 등 상세 내용들을 미리 확인해보아야 한다.
토지이용계획확인원에는 소재지, 지목, 면적, 개별공시지가, 용도지역, 용도구역, 도면 등을 기재하는 공적 장부이다.

(2) 내용
① 토지의 소재지
② 지목
③ 면적
④ 개별공시지가, 연도별 보기 가능
⑤ 『국토의계획및이용에관한법률』에 따른 용도지역, 용도구역, 다른 법령 등에 따른 지역 및 지구 등
⑥ 『토지이용규제기본법 시행령』 제9조 제4항 각호에 해당되는 사항
⑦ 지적도 : 지적도의 크기는 축척을 변경하여 사용자에 맞게 사용할 수 있다. 또한, 도면만 따로 출력하여 사용할 수도 있다.

제2편 부동산 기초개념

토지이용계획 확인원 (참고용)

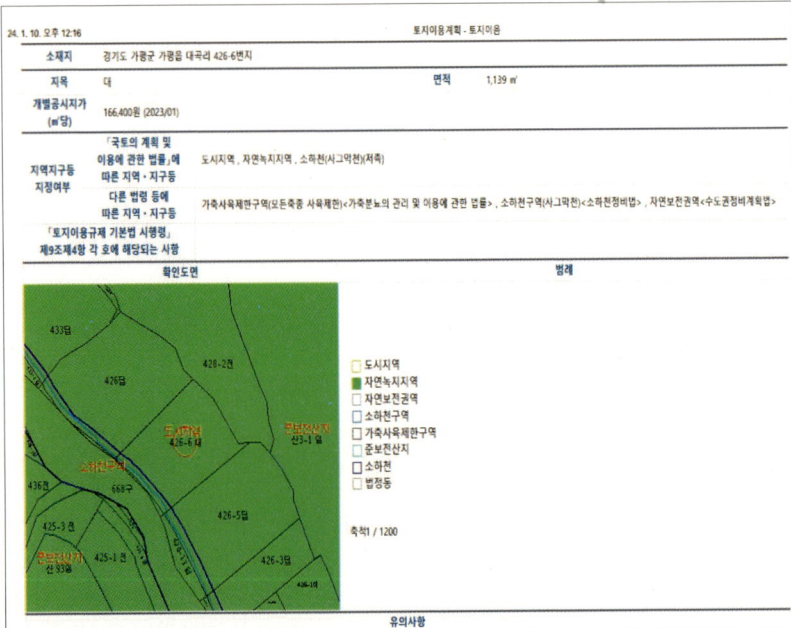

제3편
부동산경매 기본이론

부동산경매를 알기 위해서 부동산경매에 대한 기초적인 개념에 대해서 알아야 할 필요가 있다.
본 편에서는 부동산경매를 배우는데 필요한 기본이론을 알아보자

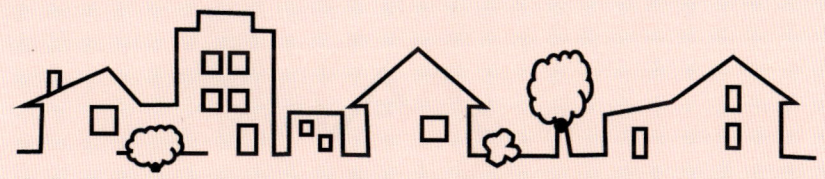

제3편 부동산경매 기본이론

제1장 부동산경매 기초
제2장 부동산경매 진행절차
제3장 임대차보호법
제4장 권리분석
제5장 응찰가격 산정
제6장 배당
제7장 명도

제1장 부동산경매 기초

01 부동산경매 개관
02 부동산경매 관련 용어
03 민사집행법으로 변화된 부동산경매 용어

제1장 부동산경매 기초

01 부동산경매 개관

1. 부동산경매의 개념

부동산경매란 매각부동산에 대하여 채권·채무의 관계에서 채권자의 신청에 따라 채무자 또는 물상보증인의 부동산에 대하여 경매법원이 민사집행법의 규정에 따라 매각한 후 매수자가 납부한 매각대금으로 채권자의 금전채권을 배당절차를 통하여 나누어 주는 제도이다.

2. 부동산경매의 종류

(1) 집행권원에 따른 분류

① 강제경매
채권자가 채무명의를 받아 채무자 소유의 부동산을 압류 및 환가한 후 그 매각대금으로 경매신청 채권자 및 그 부동산 채권자의 금전채권을 만족을 목적으로 한 강제집행절차이다. 여기에서 채무명의란 국가 강제력에 의하여 청구권의 존재와 범위를 표시하고 집행력이 부여된 공정증서를 말한다.

② 임의경매

일반적으로 담보권실행을 위한 경매라고 불린다. 채무자가 채무이행을 하지 아니하는 경우 담보권을 가진 채권자가 담보권을 우선변제를 받을 수 있도록 실행하는 경매를 말한다. 담보권을 설정할 때 채무에 대해 이행을 하지 않을 경우 담보부동산을 처분하여 채무변제에 충당하여도 좋다는 채권자와 채무자 쌍방이 물권적 합의가 되었다고 본다.

여기에서 담보권이란 근저당권, 전세권 등으로 이미 설정된 권리를 토대로 경매가 이루어지므로 채무의 변제기일이 지나면 별도의 재판을 필요로 하지 않고 진행되므로 채권자의 입장에서는 신속하고 간편하게 경매를 진행할 수 있다.

경매진행절차에서는 큰 차이가 없으나 경매신청사유, 경매개시 결정에 대한 이의 사유, 경매취하방법 등이 다르다.

(2) 매각범위에 따른 분류

① 개별매각

채권자가 채권담보의 목적물을 채무자 또는 담보제공자의 여러 개의 부동산을 담보로 제공받아 저당권을 설정하는 경우를 공동담보라 하는데 이러한 경우 채권자가 경매신청을 하면 여러 개의 담보목적물이 모두 경매에 나오게 된다. 하지만 이러한 부동산에 대하여 하나의 사건번호일 수 있으나 물건번호를 달리하여 개별적으로 경매를 진행하는 것을 말한다.

예를 들면 오피스텔이나 다세대 건물이 통째로 경매에 나왔는데 호수별로 각개의 물건번호가 부여된 경우 각각 호수별로 부여된 물건번호를 기재하여 따로 입찰하는 경우를 말한다.

② 일괄매각
위의 사례에서와 같이 공동담보를 설정한 부동산이라 하더라도 그 부동산의 제반 상황을 파악하여 하나의 사건으로 처리하는 것이 고가로 매각될 수 있거나 개별매각하는 것이 현저히 가격하락을 가져올 것으로 예상하는 경우 경매신청채권자의 신청이나 법원의 직권으로 일괄매각으로 진행할 수 있다.

위 두 가지 매각방법은 입찰자의 입장에서는 나름대로 장단점을 가지고 있다. 자금력이 풍부하여 여러 개를 한 번에 취득하고자 하는 사람은 일괄매각이 손쉬울 것이고, 소규모의 자금력으로 입찰하고자 하는 사람은 개별매각이 좋을 것이다.

(3) 매각횟수에 따른 분류

① 새매각
새매각은 경매물건이 처음으로 입찰을 진행한다는 뜻이 아니라 입찰자가 없어 매각허가 할 매수 가격의 신고가 없어 집행법원은 최저 매각가격을 낮추고 새매각 기일을 정하여 매각 절차를

다시 진행하는 것을 말한다. 새매각기일은 보통 1개월 후 다음 회차에 법원마다 차이가 있지만 20%~30% 저감해 최저매각가로 정하여 새로이 진행한다.

② 재매각
재매각은 매수인이 경매물건을 낙찰을 받고 대금 지급기한까지 납부하지 않으면 집행법원의 권한으로 경매부동산에 대하여 재매각절차를 명하는 것을 말한다.
재매각 절차에서는 이전의 매수인은 경매에 다시 참여할 수 없으며 종전의 매수신청 보증금을 돌려받을 수 없고 입찰보증금은 입찰 최저매각의 10%가 아닌 20~30%가 되므로 법원의 입찰공고문을 꼼꼼히 살펴보아야 한다. 여기에서 종전의 매수신청보증금은 배당재단에 편입하여 채권자들의 배당금으로 사용된다.

3. 부동산경매의 대상

토지, 건물, 토지의 정착물, 공장재단, 광업재단 및 어업권, 광업권, 토지로부터 독립성이 인정된 입목

① 토지, 건물
토지와 건물은 별개의 부동산이므로 토지만 또는 건물만 그리고 토지와 건물 모두가 경매로 나올 수 있다.

② 토지의 정착물
토지의 정착물이 토지의 구성 부분으로서 토지의 본질적인 부분일 때는 토지와는 별개로 경매의 대상이 될 수 없으며 토지와 함께 매각대상이 된다.

③ 건축 중단 중인 건물
사회 통념상 건물로서의 요건을 갖추지 못한 경우 경매의 대상이 될 수 없다. 그러나 준공검사를 받지 않았거나 미등기 건물일지라도 건물의 완성도에 따라 법원이 직권등기를 함으로써 경매를 진행하기도 한다.

④ 수목
토지 위에 자라고 있는 수목이 미등기된 경우라면 토지와 분리해서 경매될 수 없다. 실무에서 수목에 대하여 입목등기를 하는 경우가 극히 드물다. 그러므로 토지와 함께 감정평가를 하여 경매의 대상이 되는 것이 일반적이다.

그런데 수목에 대하여 감정평가를 하지 않고 경매가 진행된 경우가 문제가 된다. 크게 두 가지로 토지의 소유자가 식재한 경우와 토지의 소유자가 아닌 자가 식재한 경우로 나누어 볼 수 있다.

먼저 토지의 소유자가 식재한 경우에는 수목에 대하여 입목등기가 되어있다면 법정지상권 유무를 따져 보아 법정지상권이 성립하는 경우 수목은 지상권을 가지므로 지상권이 성립하는 동안 낙찰자로서는 지료만 청구할 수 있을 뿐이다. 입목등기가 되어있지 않은 경우는 제시 외 물건으로 취급되어 낙찰자의 소유에 속하게 된다.

타인이 식재한 경우는 토지 위에 수목을 식재하는 적법한 권원의 유무에 따라 결과가 달라진다. 임차권 등의 적법한 권원에 의하여 식재하였다면 수목은 토지의 소유권에 종속되지 않아 토지와 분리하여 따져 보아야 한다. 타인이 적법한 권원 없이 식재되었다면 감정평가가 되어있지 않았더라도 낙찰자의 소유가 된다.

타인의 토지 위에 권원 없이 식재한 수목의 소유권은 토지소유자에게 귀속되고 권원에 의하여 식재한 경우에는 그 소유권이 식재한 자에게 있다.

⑤ 비닐하우스
비닐하우스는 견고한 건물이 아니고 언제든지 철거가 가능한 물건이기 때문에 원칙적으로 법정지상권이 성립되지 않는다. 그러나 비닐하우스가 고정성과 견고성 및 고가의 투자가 이루어졌다면 법정지상권이 성립된다는 판례도 있다.

실무상으로 견고성이 없고 제시 외 물건으로 감정평가가 되었다면 문제없이 낙찰자는 낙찰로 비닐하우스를 소유권으로 취득한다. 문제는 감정평가의 대상이 되지 않았다면 법정지상권 성립 여부에 따라 결과가 달라질 수 있다.
즉 고정성, 견고성을 갖추어 법정지상권이 성립된다면 지료만 청구할 수 있을 뿐이고 철거의 대상이 되지 않는다. 그러나 법정지상권이 성립되지 않는다면 철거소송을 통하여 철거하든지 승소하여 협의를 거쳐 저렴한 가격으로 매수할 수 있을 것이다.

⑥ 공유지분
토지나 건물의 공유지분도 독립하여 경매의 대상이 된다. 그러나 집합건물의 대지권 취지의 등기가 이루어지지 않은 채 대지사용권으로서의 토지 공유지분은 건물과 독립하여 경매의 대상이 되지 않는다. 여기에 예외가 존재하는데 규약에서 분리하여 처분할 수 있다고 정해져 있다면 독립해서 경매의 대상이 될 수 있다. 또한, 건물의 구분소유권도 독립하여 경매의 대상이 된다.

⑦ 컨테이너
이동 가능성으로 법정지상권 유무를 판단하면 된다.
움직일 수 있는 이동식 컨테이너는 유체동산이므로 전소유자에게 철거하라고 하면 된다. 움직일 수 없는 고정식 컨테이너는 설치허가를 받았는지 검토해보고 설치허가를 받았다면 법정지상권 유무를 판단하여 대처하면 될 것이다.

02 부동산경매관련 용어

부동산경매 관련 용어의 의미를 기술한다. 한 번에 읽고 이해하기에 부담이 되면 단숨에 읽고 암기하려 하지 말고 사전처럼 필요할 때마다 해당 용어를 찾아보아 익히는 것이 효율적일 수도 있다.

1. 감정평가액

경매개시결정이 되면 집행법원은 감정인으로 하여금 매각부동산을 평가하게 하고 그 평가액을 참작하여 최저매각가격을 정한다. 실무에서는 평가된 감정가액에서 특별히 제외하거나 부가할 사항이 없는 한 대부분 감정인의 평가액을 그대로 최저매각가격으로 정하고 있다.

감정평가서에는 최소한 감정가격의 결정을 뒷받침하고 응찰자의 이해를 도울 수 있도록 감정가격을 산출한 근거를 밝히고 평가요항, 위치도, 지적도, 사진 등을 첨부하여야 한다. 그리고 이 감정평가서는 매각기일 1주일 전부터 매각물건명세서에 첨부하여 일반인의 열람이 가능하도록 비치하게 되어있고 대법원 경매사이트에서 열람할 수 있다.

2. 경매개시결정

경매신청의 요건이 구비되었다고 판단되면, 집행법원은 경매절차를 개시한다는 결정을 한다. 이것이 경매개시결정이다. 이때 집행법원은, 직권 또는 이해관계인의 신청에 따라, 부동산에 대한 침해행위를 방지하는 데 필요한 조치를 할 수 있다. 이와 동시에 집행법원은 그 부동산의 압류를 명하고, 직권으로 그 사유를 등기부에 기입할 것을 등기관에게 촉탁한다.

경매개시결정이 채무자에게 송달된 때 또는 경매신청의 기입등기가 된 때에 압류의 효력이 발생하며, 이때부터는 그 부동산을 타인에 함부로 양도하거나 담보권 또는 용익권을 설정하는 등의 처분행위를 할 수 없게 된다.

3. 경매신청 취하
경매부동산에 대하여 경매신청 후 경매기일에서 적법한 매수의 신고가 있기까지의 사이에 있어서는 경매신청인은 임의로 경매신청을 취하할 수 있으나, 매수의 신고가 있고 난 뒤에 경매신청을 취하함에는 최고가매수신고인과 차순위매수신고인의 동의가 필요하다.

4. 개별경매
수 개의 부동산에 관하여 동시에 경매신청이 있는 경우에는 각 부동산별로 최저경매가격을 정하여 경매하여야 한다는 원칙이다. 법에 명문규정은 없으나 이 원칙은 1개의 부동산의 매각대금으로 각 채권자의 채권 및 집행비용의 변제에 충분한 때에는 다른 부동산에 대한 경락을 허가하지 아니한다. 다만 법원은 수 개의 부동산의 위치, 형태, 이용관계 등을 종합적으로 고려하여 이를 동일인에게 일괄매수시킴이 상당하다고 인정한 때에는 자유재량에 의하여 일괄경매를 정할 수 있다.

5. 공동경매

수인의 채권자가 동시에 경매신청을 하거나 아직 경매개시결정을 하지 아니한 동안에 동일 부동산에 대하여 다른 채권자로부터 경매신청이 있으면 수 개의 경매신청을 병합하여 1개의 경매개시결정을 하여야 하며, 그 수인은 공동의 압류채권자가 되고, 그 집행절차는 단독으로 경매신청을 한 경우에 준하여 실시되는 절차이다.

6. 공무소에 대한 최고

경매법원은 경매개시결정 후 조세 기타 공과를 주관하는 공무소(공공기관)에 대하여 목적부동산에 관한 채권의 유무와 한도를 일정한 기간 내에 경매법원으로 통지할 것을 최고하는데 이는 우선채권인 당해세 등 조세채권의 유무, 금액을 통지받아 잉여의 가망이 있는지 여부를 확인함과 동시에 주관 공무소로 하여금 조세 등에 대한 교부청구의 기회를 주기 위한 것이다.

7. 공유자 우선매수권

공동소유하고 있는 부동산의 지분 일부가 경매신청이 되었을 때 즉, 공유물지분의 경매에 있어서 채무자 아닌 다른 공유자는 매각기일까지, 최저매각가격의 10분의 1에 해당하는 금원을 보증으로 제공하고 최고매수신고가격과 같은 가격으로 채무자의 지분을 우선 매수하겠다는 신고를 할 수 있다. 이러한 다른 공유자의 권리를 우선매수권이라고 한다. 이 경우에 법원은 다른 사람의 최고가매수신고가 있더라도 우선매수를 신고한 공유자에게 매각을 허가하여야 한다. 이때 최고가매수신고인은 원할 경우 차순위매수신고인의 지위를 부여받을 수 있다.

8. 교부청구

국세징수법상 국세, 지방세, 징수금 등 채무자가 강제집행 또는 파산선고를 받은 때 강제매각개시 절차에 의하여 채무자의 재산을 압류하지 아니하고도 강제매각기관에 체납관계 세금의 배당을 요구하는 제도를 말하며, 교부청구를 하면 조세의 소멸시효도 중단된다.

9. 과잉매각

하나의 채무자가 소유하고 있는 여러 개의 부동산을 경매로 매각하는 경우에 일부 부동산의 매각대금으로 모든 채권자의 채권액과 집행비용을 변제하기에 충분한 경우가 있을 수 있는 데 이를 과잉매각이라 하고 이러한 경우 집행법원은 다른 부동산의 매각을 허가하여서는 아니 된다. 다만, 일괄매각의 경우에는 그러하지 아니하다. 과잉매각의 경우 채무자가 그 부동산 가운데 매각할 것을 지정하여 지정된 부동산을 대상으로 매각을 진행할 수 있다.

10. 기일입찰, 기간입찰, 호가경매

부동산의 매각방법은 매각기일에 입찰 및 개찰하게 하는 기일입찰, 입찰기간 내에 직접 접수하거나 우편으로 접수하여 매각기일에 개찰하는 기간입찰, 매각기일에 유체동산을 대상으로 하는 호가경매의 세 가지 방법이 있다. 일반적으로는 기일입찰 방식이 근간을 이루고 있다. 즉, 미리 정하여진 일찰기일에 법원 집행관이 주재하는 입찰법정에 출석하여 입찰표를 작성하고 입찰보증금을 함께 제출하여 즉석에서 최고가매수인을 선정하는 방식이다.

11. 매각결정기일

매각기일에 경매목적 부동산이 낙찰되었을 때 법원이 최고가매수신고인에 대하여 매각허가 또는 매각불허가를 결정하는 날로서 실무상 경락기일, 낙찰기일 또는 낙찰허부결정일이라고도 하며, 매각기일로부터 통상 7일 이내로 정한다. 이때 입찰을 한 법정에서 경락의 허가 또는 불허가를 선고한 후 법원게시판에 공고만 할 뿐 낙찰자, 채권자, 채무자, 기타 이해관계인에게는 개별적으로 통보하지 않는다.

12. 매각기일

경매법원이 경매목적 부동산에 대하여 경매를 실시하는 날을 의미하며 매각시간, 매각장소 등과 함께 매각기일 14일 이전에 법원게시판에 게시함과 동시에 일간신문, 관보, 전자매체 등을 통하여 공고할 수 있다. 실무상 입찰기일이라고 하기도 한다.

13. 매각물건명세서

법원은 부동산의 표시, 부동산의 점유자와 점유의 권원, 점유할 수 있는 기간, 차임 또는 보증금에 관한 관계인의 진술, 등기된 부동산에 관한 권리 또는 가처분으로서 매각으로 효력을 잃지 아니하는 것, 매각에 따라 설정된 것으로 보게 되는 지상권의 개요 등을 기재한 매각물건명세서를 작성하고, 이를 매각기일의 1주일 전까지 법원에 비치하여 누구든지 볼 수 있도록 작성해 놓은 것이다.

14. 배당요구

강제집행에 있어서 압류채권자 이외의 채권자가 집행에 참여하여 변제를 받는 방법으로 민법, 상법, 기타 법률에 따라 우선변제청구권이 있는 채권자, 집행력 있는 정본을 가진 채권자 및 경매개시결정의 기입등기 후에 가압류를 한 채권자는 법원에 대하여 배당요구를 신청할 수 있다.

민사집행법이 적용되는 2002년 7월 1일 이후에 접수된 경매사건의 배당요구는 배당요구의 종기일까지 하여야 한다. 따라서 임금채권, 주택임대차보증금 반환청구권 등 우선변제권이 있는 채권자라 하더라도 배당요구종기일까지 배당요구를 하지 않으면 매각대금으로부터 배당받을 수 없고, 그 후 배당을 받은 후순위자를 상대로 부당이득반환청구를 할 수도 없다.

15. 변경

경매절차 진행 도중 새로운 사항의 추가 또는 매각조건의 변경 등으로 인하여 권리관계가 변동되어 법원이 지정된 입찰기일에 경매를 진행시킬 수 없을 때 담당 재판부의 직권으로 매각기일을 변경시키는 것을 말한다.

16. 부동산인도명령

채무자, 소유자 또는 압류의 효력이 발생한 후에 점유를 시작한 부동산 점유자에 대하여는 매수인이 대금을 완납한 후 6개월 이내에 집행법원에 신청하면 법원은 이유가 있으면 간단히 인도명령을 발하여 그들의 점유를 집행관이 풀고 매수인에게 부동산을 인도하라는 취지의 재판을 한다. 민사집행법의 적용을 받는 사건에 대하여는 인도명령의 상대방을 확장하여 점유자가 매수인에게 대항할 수 있는 권원을 가진 경우 이외에는 인도명령을 발할 수 있도록 개선하였다.

17. 상계

채권자가 동시에 매수인이 된 경우에 매각잔대금을 납부하지 않고, 채권자가 받아야 할 채권액과 납부해야 할 매각대금을 같은 금액만큼 서로 없도록 처리하는 것이다. 채권자는 매각대금을 상계 방식으로 지급하고 싶으면, 매각결정기일이 끝날 때까지 법원에 위와 같은 상계를 하겠음을 신고하여야 하며, 배당기일에 매각대금에서 배당받아야 할 금액을 제외한 금액만을 납부하게 된다. 그러나 그 매수인 겸 채권자는 이 배당받을 금액에 대하여 다른 이해관계인으로부터 이의가 제기된 때에는 매수인은 배당기일이 끝날 때까지 이에 해당하는 대금을 납부하여야 한다.

18. 새매각
경매를 처음으로 진행하는 뜻이 아니라 매각기일 날 경매를 실시하였으나 응찰자가 없거나 기타 다른 사정으로 인하여 최고가 매수신고인을 정할 수 없는 사유가 발생하여, 유찰된 후 다시 기일을 지정하여 실시하는 경매를 말한다. 이때 최저매각가격은 이전의 최저매각가격보다 법원에 따라 지정된 20~30% 가격이 저감되어 다시 매각을 실시한다. 실무상 새매각을 신경매라 하기도 한다.

19. 연기
채무자, 소유자 또는 이해관계인의 신청에 의하여 경매신청 채권자의 동의하에 이미 지정된 매각기일을 다음 기일로 미루는 것이다.
통상 1개월 후에 매각기일이 다시 지정되며, 실무에서는 변경과 연기를 합쳐서 변연라고 부르기도 한다.

20. 우선매수권
부동산공유물지분의 경매에 있어서 채무자가 아닌 다른 부동산의 공유자는 매각기일까지, 최저매각가격의 10분의 1에 해당하는 금원을 보증으로 제공하고 최고매수신고가격과 같은 가격으로 채무자의 지분을 우선매수하겠다는 신고를 할 수 있다. 이러한 다른 공유자의 권리를 우선매수권이라고 한다. 이 경우에 법원은 다른 사람의 최고가매수신고가 있더라도 우선매수를 신고한 공유자에게 매각을 허가하여야 한다. 이때 최고가매수신고인은 원할 경우 차순위매수신고인의 지위를 부여받을 수 있다.

이 밖에도 부동산경매에서 우선매수할 수 있는 것은 부도난 건설임대주택과 매입임대주택이 경매가 진행되는 경우의 임차인과 압류채권자, 즉 경매신청 채권자에게만 인정되는 것이다. 부동산경매에서의 잉여주의와 관련이 있는 문제로 법원은 최저매각가격으로 압류채권자의 채권에 우선하는 부동산의 모든 부담과 절차비용을 변제하면 남을 것이 없다고 인정한 때에는 압류채권자에게 이 사실을 통지하게 되어있다.

21. 유찰

경매 입찰에 참여한 사람이 없는 경우나 어떠한 이유에서든 낙찰자가 선정되지 않은 경우의 입찰을 말한다. 즉, 매각기일의 매각불능을 유찰이라고 한다. 매각기일에 매수하고자 하는 사람이 없어 매각되지 아니하고 무효가 된 경우를 가리키며 통상 최저매각금액을 20~30% 저감한 가격으로, 다음 매각기일에 다시 매각을 실시하게 된다.

22. 이중경매

강제경매 또는 담보권의 실행을 위한 경매절차의 개시를 결정한 부동산에 대하여 다시 경매의 신청이 있는 때에는 집행법원이 다시 경매개시결정을 하고 먼저 개시한 집행절차에 따라 경매를 진행하는 것을 말한다.

23. 일괄매각

집행법원은 부동산경매의 대상이 된 여러 개의 부동산의 위치, 형태, 이용관계 등을 종합적으로 고려하여 이를 하나의 집단으로 묶어 매각하는 것이 알맞다고 인정하는 경우에는 민사집행법의 규정에 따라 직권으로 또는 이해관계인의 신청에 의해 일괄매각하도록 결정할 수 있다.

24. 임의경매

담보권의 실행 등을 위한 경매라고도 불린다. 그 실행에 집행권원을 요하지 아니하는 경매를 통틀어 강제경매에 대응하여 임의경매라고 부른다. 임의경매에는 저당권, 질권, 전세권 등 담보물권의 실행을 위한 이른바 실질적 경매와 민법, 상법 기타 법률의 규정에 따른 환가를 위한 형식적 경매가 있다.

25. 입찰

입찰신청자들이 서면에 의해 매수가격을 기입하여 신청하면 집행관이 이들 중에서 최고가를 써낸 입찰신청인을 선정하는 경매방식이다. 부동산경매를 진행하는 하나의 방식으로 입찰표에 입찰가격을 비공개리에 적어 제출하는 것이다.

26. 잉여 가망이 없는 경우의 경매 취소

민사집행법 제102조 제2항의 규정으로 집행법원은 법원이 정한 최저경매가격으로 압류채권자의 채권에 우선하는 부동산상의 모든 부담과 경매비용을 변제하면 남는 것이 없다고 인정한 때에는 이러한 사실을 압류채권자에게 통지하고, 압류채권자가 이러한 우선채권을 넘는 가액으로 매수하는 자가 없는 경우에는 스스로 매수할 것을 신청하고 충분한 보증을 제공하지 않는 한 경매절차를 법원이 직권으로 취소하는 것을 말한다.

27. 재매각

매각기일에 매수신고인이 생겨서 매각되고 매각허가결정의 확정 후 법원이 정한 대금지급기한에 매수인(차순위 매수신고인이 매각허가를 받은 경우를 포함한다)이 대금지급 의무를 이행하지 아니하였을 때, 또는 차순위 매수신고인이 없는 때에 법원이 직권으로 다시 실시하는 경매로서 실무적으로 재경매라 칭한다.

이때에는 입찰보증금을 법원의 재량에 따라서 최저매각가격의 20~30%를 내게 되는데 이는 새매각이 10%인데 비하여 더 많은 금액을 제출하게 함으로써 입찰자에게 신중을 기하도록 함으로써 다시 재매각절차를 밟지 않기 위한 방법이기도 한다.

28. 제시 외 물건

감정평가서에 조사된 부동산 내역에서 미등기상태의 증·개축된 부동산이 있을 경우 또는 미등기상태의 부속물 등을 경매 실무상 제시 외 물건으로 표시한다. 즉, 집행관의 부동산 현황조사나 감정평가인의 감정평가 결과 부동산 등기부상에 표시되어 있지 않은 미등기상태의 증·개축 부동산이 존재할 때 그 증·개축 부분을 의미한다. 따라서 경매 입찰하고자 하는 매각 대상 물건에 제시외 물건이 존재하는 경우에는, 감정평가서를 통하여 제시외 건물의 가격이 감정평가액에 포함되어 있는지의 여부를 확인하여, 감정가격에 제시외 건물의 가격이 평가되어 있다면 입찰에 문제가 없는 것으로 판단하면 된다. 이러한 제시외 물건은 민법상 부합물이나 종물에 해당하여 경매목적물에 포함되고 낙찰로 인하여 낙찰자에게 제시외 물건의 소유권이 인정되는 것이 보통이다.

29. 차순위 매수신고

최고가 매수신고인이 매각대금을 법원에 납입하지 않으면 차순위 매수신고인에게 매각허가결정을 다시 내리고 매각대금을 납입하게 하여 경매부동산을 취득하게 하는 제도이다.

차순위 매수신고는 최고가 매수신고액에서 매수신청보증금을 차감한 금액을 초과하여 매수신고를 한때에 신청할 수 있다. 즉, 최고가 매수신고인 이외의 입찰자 중 최고가 매수신고액에서 매수신청보증금을 공제한 액수보다 높은 가격으로 응찰한 사람이 차순위 매수신고자격이 있다.

차순위 매수신고를 하게 되면 차순위매수인은 낙찰자가 매각대금을 납부하기 전까지는 보증금을 반환받지 못한다. 그 대신 최고가 매수신고인에 국한된 사유로 그에 대한 매각이 불허되거나 매각이 허가되더라도 그가 매각대금 지급의무를 이행하지 아니할 경우 다시 매각을 실시하지 않고 집행법원으로부터 매각 허부의 결정을 받을 수 있는 지위를 지니게 된다.

30. 채권신고의 최고

집행법원은 배당요구종기결정일로부터 3일 이내에 매각부동산의 이해관계인으로 규정된 일정한 자에게 채권계산서를 배당요구의 종기까지 제출할 것을 최고한다. 이는 우선채권 유무, 금액 등을 신고받아 잉여의 가망이 있는지를 확인하고 적정한 매각조건을 정하여 배당요구의 기회를 주기 위한 것이다. 그리고 배당요구종기일이 정해지면 당연배당권자를 제외한 매각부동산의 이해관계인은 이때까지 배당요구를 하지 아니하면 불이익을 받게 되는 경우가 발생할 수 있으므로 이 기간 내에 배당요구를 하여야 한다.

31. 최고가 매수신고인

경매부동산을 매수할 의사로 매수신고를 할 때 통상 매수신고가격(민사집행법의 적용을 받는 사건은 최저매각가격)의 10분의 1에 해당하는 현금 또는 유가증권 및 경매에 필요한 기타 서면을 입찰함에 투함한 사람을 매수신고인이라 하고 최고의 가격에 응찰한 사람을 최고가 매수신고인이라 한다. 매수신고인은 다시 다른 고가의 매수허가가 있을 때까지 그 신고한 가격에 구속을 받고 매수신고를 철회할 수가 없다.

실무적으로는 매각기일에 입찰시간이 종료되면 집행관은 사건번호 순서대로 입찰자의 이름과 입찰금액을 호창하고 최고가로 입찰한 사람을 지정하고, 절차나 입찰에 있어서 하자가 없는 경우에 최고가 매수신고인으로 결정한다. 이때 최고의 매각가로 입찰에 응한 사람을 낙찰자 또는 경락자라고 칭하기도 한다.

32. 최저매각가격

경매입찰 시 응찰해야 할 최소한의 가격을 의미하는 것으로, 최초매각기일의 최저매각가격은 감정평가인이 평가한 가격을 고려한 최초 법원 사정가격이 기준이 된다. 매각기일을 공고할 때에는 경매부동산의 최저매각가격을 기재해야 한다.
매각기일에 있어서 경매신청인이 없어 새로운 매각기일을 지정한 때에는 상당히 저감한 가격이 최저경매가격이 된다. 응찰하고자 할 때는 항상 공고된 최저경매가격보다 같거나 높게 응찰해야 무효처리가 되지 않는다.
만약 매각기일에 응찰자가 없어서 다시 매각기일을 지정하는 때에는 통상 매각가격의 20~30%를 저감한 가격으로 새매각을 실시하게 된다.

33. 특별매각조건

법원이 경매부동산을 매각하여 그 소유권을 낙찰자에게 이전시키는 조건을 말한다. 다시 말하면 경매의 성립과 효력에 관한 조건을 말한다. 매각조건은 법정매각조건과 특별매각조건으로 구별된다. 법정매각조건은 모든 경매절차에 공통하여 법이 미리 정한 매각조건을 말하며, 특별매각조건은 각개의 경매절차에 있어서 특별히 정한 매각조건을 말한다.

어느 특정 경매절차가 법정매각조건에 의하여 실시되는 경우에는 경매기일에 그 매각조건의 내용을 관계인에게 알릴 필요가 없으나, 특별매각조건이 있는 경우에는 그 내용을 집행관이 경매기일에 고지하여야 하며, 특별매각조건으로 경락한 때에는 경락허가결정에 그 조건을 기재하여야 한다. 예를 들어 재매각을 할 경우 입찰보증금을 10%가 아닌 20%로 하는 경우, 공익법인소유의 부동산을 매각하는 경우 주무관청의 매각허가서 제출 등의 특별한 매각조건을 말한다.

34. 항고보증금

매각허가 또는 불허가 결정일 이후 7일 이내에 이해관계인 등이 경매법원의 결정에 대하여 불복이 있는 경우에 일정한 불변기간 내에 법원에 제기하는 것을 즉시항고라 한다. 이때 매각허가결정에 대하여 항고를 하고자 하는 모든 사람은 보증으로 매각대금의 10분의 1에 해당하는 금전 또는 법원이 인정한 유가증권을 공탁하여야 한다. 이것이 항고보증금인데, 이를 제공하지 아니한 때에는 원심법원이 항고장을 각하하게 된다.
채무자나 소유자가 한 항고가 기각된 때에는 보증으로 제공한 금전이나 유가증권을 전액 몰수하여 배당할 금액에 포함하여 배당하게 되며, 그 이외의 사람이 제기한 항고가 기각된 때에는, 보증으로 제공된 금원의 범위 내에서, 항고를 한 날부터 항고기각결정이 확정된 날까지의 매각대금에 대한 연 20%에 상당하는 금액을 돌려받을 수 없다.

35. 현황조사보고서

법원은 경매개시결정을 한 후 지체없이 집행관에게 부동산의 현상, 점유관계, 차임 또는 임대차 보증금의 수액 기타 현황에 관하여 조사할 것을 명하는데, 현황조사보고는 집행관이 그 조사내용을 집행법원에 보고하기 위하여 작성한 문서이다.

취소란 경매개시결정 이후 경매원인의 소멸이나 잉여가 없는 경매의 경우 법원이 경매개시결정을 취소하는 것을 말한다. 특히, '잉여의 가망이 없는 경매'에 있어서, 집행법원은 법원이 정한 최저경매가격으로 압류채권자의 채권에 우선하는 부동산상의 모든 부담과 경매비용을 변제하면 남는 것이 없다고 인정한 때에는 이러한 사실을 압류채권자에게 통지하여야 한다.

압류채권자가 이러한 우선채권을 넘는 가액으로 매수하는 자가 없는 경우에는 스스로 매수할 것을 신청하고 충분한 보증을 제공하지 않는 한 경매절차를 법원이 직권으로 취소하게 된다.

제3편
부동산경매 기본이론

취하는 경매신청 후 채무자가 채무를 변제한 경우와 경매신청 채권자가 경매신청을 철회하는 것을 말한다. 단, 최고가 매수신고인이 결정된 후에는 최고가 매수신고인의 동의가 필요하다.

03 민사집행법으로 변화된 부동산경매 용어

(황정선, 해커스스마트부동산경매, 해커스부동산경매, 2016)

경매용어	입찰용어	민사집행법상 용어
경매기일	입찰기일	매각기일
경락기일	낙찰기일	매각결정기일
최고가매수신고인	최고가입찰자	최고가매수신고인
차순위매수신고인	차순위입찰신고인	차순위매수신고인
경락허부결정	낙찰허부결정	매각허부결정
경락인	낙찰자	매수인
최저경매가격	최저입찰가격	최저매각가격
경매물건명세서	입찰물건명세서	매각물건명세서
경매신청보증금	입찰보증금	매수신청보증금
신경매		새매각
재경매		재매각

■■ 부동산경매 기본이론 요약

부동산경매의 개념	채권·채무의 관계에서 채무자의 채무불이행 시 채권자의 신청에 의하여 채무자 또는 물상보증인의 부동산에 대하여 경매법원이 민사집행법의 규정에 따라 매각한 후 매수자가 납부한 매각대금을 가지고 채권자의 금전채권을 배당을 통하여 나누어 주는 절차	
부동산경매의 종류	집행권원 : 강제경매, 임의경매	
	매각범위 : 개별매각, 일괄매각	
	매각횟수 : 새매각, 재매각	
	집행방법 : 공동경매, 이중경매	
부동산경매의 대상	부동산 : 토지, 건물, 토지의 정착물, 공장재단, 토지로부터 독립성이 인정된 입목 준부동산 : 자동차, 중기	
물권과 채권의 구별	공시, 객체, 효력, 양도성, 경매의 형태, 배당 등	
부동산경매 관련 용어	부동산경매 용어, 변화된 경매용어, 법률 용어	
법적판단 지침	1. 민사집행법, 민법, 민사특별법, 부동산공법 부동산 등에 대한 경매절차 처리지침(대법원예규) 2. 대법원판례	
입찰 준비물	1. 개인 본인이 입찰 시	입찰보증금, 신분증, 도장
	2. 개인을 대리인이 입찰 시	입찰보증금, 본인인감증명서, 위임장(본인의 인감도장날인), 대리인신분증, 대리인도장
	3. 법인이 입찰 시	입찰보증금, 법인 등기사항전부증명서, 대표자신분증, 법인도장
	4. 법인을 대리인이 입찰 시	입찰보증금, 법인 등기사항전부증명서, 위임장(법인인감도장으로날인), 법인인감증명서, 대리인신분증, 대리인도장
	5. 교회 입찰 시 (비법인사단)	입찰보증금, 정관, 회의록, 대표자확인증명서, 신분증, 교회직인

제2장 부동산경매 진행절차

01 경매신청 및 경매개시결정

02 배당요구의 종기 결정 및 공고

03 매각의 준비

04 매각방법 등의 지정·공고·통지

05 매각의 실시

06 매각결정 절차

07 매각대금의 납부

08 소유권이전등기 등의 촉탁

09 부동산인도명령

10 배당절차

제2장 부동산경매 진행절차

법원 부동산경매의 진행절차는 크게 3단계로 진행된다.
부동산 압류, 부동산의 현금화, 대금 변제 및 배당의 과정을 거친다.

1. 부동산의 압류
법원은 부동산 소유자의 등기부상에 경매개시결정등기가 되면 부동산 소유자(채무자)의 부동산에 압류하는 효과가 있다. 경매신청, 경매개시결정, 압류, 경매개시결정등기(등기사항전부증명서 갑구에 기재), 채무자 송달의 과정을 거친다.

2. 부동산 현금화
집행법원은 다음과 같이 압류된 부동산을 경매절차를 통하여 현금화 작업을 진행한다.
배당요구종기 공고, 현황조사, 매각기일 지정, 매각, 매각여부 결정을 한다.

3. 변제 및 배당
경매의 마지막 단계로 낙찰자가 낙찰된 가격을 법원에 납부하면 납부된 대금으로 낙찰대금 납부, 부동산등기 촉탁, 부동산인도명령, 배당 준비 및 배당금 집행절차를 거친다.

이 장에서 강조하고자 하는 것은 법원부동산경매에 참여하는

제3편
부동산경매 기본이론

사람은 최고가매수인이 된 이후에는 상계신청, 이의신청, 잔금납부, 인도명령신청 등에 대하여 법원에서 정하여진 기한 내에 적합한 구비서류를 갖추어 제출하여야 한다는 것이다.

법원의 경매진행절차를 숙지하여 시기별로 적합한 행위를 함으로써 불측의 손해를 예방하고, 경매를 통하여 부동산을 취득하는 과정이 순조롭게 진행되도록 하기 위함이다.

01 경매신청 및 경매개시결정

채권자가 경매를 신청하면 법원은 경매개시결정을 하여 매각할 부동산을 압류하고 관할등기소에 경매개시결정의 기입등기를 촉탁하여 경매개시결정 사실을 등기부에 기입하도록 한다. 법원은 경매개시결정 정본을 채무자에게 송달한다.

1. 경매의 신청

경매 분류상 강제경매와 임의경매로 나누어지게 되므로, 경매신청도 강제경매신청과 임의경매신청으로 나눌 수 있다. 강제경매를 신청하려면 강제경매신청서를 작성한 다음 첨부서류와 함께 관할법원에 제출하여야 한다.

여기서는 강제경매와 임의경매 두 절차 사이에 진행상의 큰 차이가 없기 때문에 강제경매를 중심으로 설명하도록 하고 임의경매에 관하여는 차이가 있는 경우에 따로 설명하도록 한다.

(1) 강제경매신청서 작성요령
강제경매신청은 서면으로 하여야 하며 신청서에는 다음의 사항을 기재하고 기명날인하여야 한다.
① 채권자와 채무자의 성명과 주소
② 집행법원
③ 부동산의 표시 : 강제경매의 대상이 될 부동산을 특정하여 표시하여야 한다. 일반적으로 등기사항전부증서의 표제부에 기

재되어 있는 사항을 기재하면 된다.
④ 강제경매에 의하여 변제를 받고자 하는 일정한 채권과 그 청구액 : 강제경매에서 변제를 받으려고 하는 청구액 전액을 기재하여야 한다.
⑤ 집행할 수 있는 일정한 집행권원 : 집행권원은 일정한 사법상의 이행청구권의 존재 및 범위를 표시하고 그 청구권에 집행력을 인정한 공정의 증서를 말한다. 확정된 종국판결, 가집행의 선고가 있는 종국판결, 소송상 화해조서, 확정된 지급명령, 확정된 화해권고결정 등이 집행권원에 해당한다.
다만, 임의경매 신청시에는 집행권원을 필요로 하지 아니한다.

(2) 첨부서류
강제경매를 신청함에 있어서 갖추어야 할 첨부서류는 다음과 같다.
① 집행권원의 집행력 있는 정본
② 강제집행 개시의 요건이 구비되었음을 증명하는 류 : 집행권원의 송달증명서, 조건성취를 채권자가 증명하여야 하는 경우의 조건 성취집행문의 송달증명서, 담보제공의 공정증서 및 그 등본의 송달증명서, 반대의무의 이행 또는 이행제공을 증명하는 서면, 집행불능증명서 등이 이에 해당한다.
③ 부동산등기사항전부증명서나 이를 대신할 수 있는 서류
④ 부동산목록 ⑤ 수입인지 ⑥ 대법원 수입증지 ⑦ 등록세와 지방교육세를 납부한 영수필통지서 및 영수필확인서 1통 ⑧ 비용의 예납 : 경매절차에 있어서 필요한 송달료, 감정료, 현황

조사료, 신문공고료, 매각수수료 등의 비용을 미리 납부한다.
(3) 관할법원
강제경매신청서를 제출할 관할법원은 경매대상 부동산의 소재지를 관할하는 법원이다.

2. 경매개시결정

법원은 신청서와 첨부서류를 검토하여 강제집행의 요건, 집행개시의 요건 및 강제경매에 특히 필요한 요건 등에 관하여 심사를 하여, 신청이 적법하다고 인정되면 강제경매개시결정을 한다. 신청인이 비용을 미리 내지 아니한 때에는 신청이 각하될 수 있다.
임의경매신청이 접수된 경우에도 집행법원은 임의경매에 필요한 요건에 관하여 심사를 하여 신청이 적법하다고 인정되면 임의경매개시결정을 한다.

3. 경매개시결정 기입등기의 촉탁

법원은 경매개시결정을 하면 즉시 그 사유를 등기부에 기입할 것을 등기관에게 촉탁한다. 등기관은 법원의 촉탁에 따라 경매개시결정의 기입등기를 한다.

4. 경매개시결정문의 송달

법원은 채무자에게 경매개시결정 정본을 송달한다. 임의경매의 경우에는 경매개시결정을 소유자에게만 송달하면 족하지만, 실무상으로는 소유자와 채무자 모두에게 송달하고 있다.

02 배당요구의 종기 결정 및 공고

매각할 부동산이 압류되면 집행법원은 채권자들이 배당요구를 할 수 있는 기간을 첫 매각기일 이전으로 정한다. 법원은 경매개시결정에 따른 압류의 효력이 생긴 때부터 1주일 안에 경매개시결정을 한 취지와 배당요구의 종기를 법원경매정보 홈페이지의 법원경매공고란 또는 법원 게시판에 게시하는 방법으로 공고한다.

경매개시결정에 따른 압류의 효력이 생긴 때에는 법원은 채권자들이 배당요구를 할 수 있는 종기를 첫 매각기일 이전의 날짜로 결정한다.

1. 배당요구의 종기 결정

경매개시결정에 따른 압류의 효력은 채무자에게 그 결정이 송달되거나 개시결정기입등기가 된 때에 발생한다. 집행법원은 그 효력이 생긴 때부터 1주 안에 채권자들이 배당요구를 할 수 있는 종기를 결정한다. 배당요구의 종기는 첫 매각기일 이전의 날짜로 결정된다.

2. 배당요구의 종기 공고

배당요구의 종기가 정하여지면 법원은 즉시 경매개시결정을 한 취지 및 배당요구의 종기를 공고한다.

3. 배당요구의 종기까지 반드시 배당요구를 하여야 할 채권자
① 집행력 있는 정본을 가진 채권자
② 민법, 상법 기타 법률에 의하여 우선변제청구권이 있는 채권자(주택임대차보호법에 의한 소액임차인, 확정일자부임차인, 근로기준법에 의한 임금채권자, 상법에 의한 고용관계로 인한 채권이 있는 자 등)
③ 첫 경매개시결정등기 후에 가압류한 채권자
④ 국세 등의 교부청구권자 : 국세 등 조세채권 이외에 국민건강보험법, 산업재해보상보험법, 국민연금법에 의한 보험료 기타 징수금의 청구권을 갖는자

4. 배당요구를 하지 않아도 배당을 받을 수 있는 채권자
첫 경매개시결정등기 이전에 이미 등기를 마친 담보권자, 임차권등기권자, 체납처분에 의한 압류등기권자, 가압류권자, 배당요구의 종기까지 한 경매신청에 의하여 이중경매개시결정이 된 경우 이중 경매신청인

5. 배당요구를 하지 아니한 경우의 불이익
배당요구를 하지 않아도 배당을 받을 수 있는 채권자가 아니라면 배당요구의 종기까지 배당요구를 하여야만 배당을 받을 수 있다. 배당요구를 하지 않은 경우에는 선순위 채권자라도 경매절차에서 배당을 받을 수 없게 될 뿐만 아니라 자기보다 후순위 채권자로서 배당을 받은 자를 상대로 부당이득반환청구를 하여 배당액에 해당하는 금액을 돌려받을 수도 없다.

첫 경매개시결정등기 이전에 가압류등기를 마친 채권자의 경우에는 배당요구를 하지 않아도 등기부에 등재된 가압류금액에 따라 배당을 받을 수 있다.

그러나 이미 본안소송에서 가압류금액 이상의 승소판결을 받았다면 위 기간 내에 집행력 있는 정본에 의하여 배당요구를 할 필요가 있으며 그렇지 않으면 가압류금액을 넘는 부분에 대하여는 전혀 배당에 참가할 수 없게 되는 등 일정한 경우에는 배당요구를 하지 않아도 배당을 받을 수 있는 채권자에 해당하더라도 배당요구를 할 필요가 있는 경우도 있다.

03 매각의 준비

법원은 집행관에게 매각할 부동산의 현상, 점유관계, 차임 또는 보증금의 액수, 기타 현황에 관하여 조사를 명하고 감정인에게 매각할 부동산을 평가하게 한다. 법원은 감정인의 평가액을 참작하여 최저매각가격을 정한다.

경매개시결정이 내려지면 법원은 경매할 부동산을 입찰의 방법으로 매각하여 현금화하기 위한 준비를 한다.

1. 집행관현황조사

법원은 경매개시결정을 한 뒤에 바로 집행관에게 부동산의 현상, 점유관계, 차임 또는 임대차 보증금의 액수, 그 밖의 현황에 관하여 조사하도록 명한다. 매수희망자는 집행관이 작성한 현황조사보고서를 통해 부동산에 관한 정보를 얻을 수 있다.

2. 부동산의 평가 및 최저매각가격의 결정

법원은 감정인에게 부동산을 평가하게 하고 그 평가액을 참작하여 최저매각가격을 정한다. 최저매각가격은 매각을 허가할 수 있는 최저의 가격으로서 그보다 낮은 가격으로 하는 매수신고에 대하여는 매각이 허가될 수 없다.

3. 매각물건명세서의 작성, 비치

법원은 ①부동산의 표시 ②부동산의 점유자와 점유의 권원 ③점유할 수 있는 기간 ④차임 또는 보증금에 관한 관계인의 진술 ⑤등기된 부동산에 관한 권리 또는 가처분으로서 매각으로 효력을 잃지 아니하는 것 ⑥매각에 의하여 설정된 것으로 보게 되는 지상권의 개요 등을 기재한 매각물건명세서를 작성한다.

매각물건명세서는 누구든지 볼 수 있도록 매각기일의 1주일 전까지 법원에 비치한다. 현황조사보고서 및 감정평가서의 사본도 매각물건명세서와 함께 비치된다.
3~4회의 매각기일과 매각결정기일을 일괄하여 지정한 경우에는 매회의 매각기일의 1주일 전까지 매각물건명세서를 작성, 비치한다.

4. 공과를 주관하는 공무소에 대한 최고

법원은 조세 기타 공과를 주관하는 공무소에 대하여 경매할 부동산에 관한 채권의 유무와 한도를 배당요구의 종기까지 통지하도록 최고한다.

이는 우선채권인 조세채권의 유무, 최저매각가격으로 압류채권자의 채권에 우선하는 부동산의 모든 부담과 절차비용을 변제하고도 남을 가망이 있는지 여부를 확인함과 동시에 주관공무소로 하여금 조세 등에 대한 교부청구의 기회를 주기 위한 취지이다.

5. 이해관계인에 대한 채권신고의 최고

법원은 등기부에 기입된 부동산 위의 권리자 등에 대하여 자신의 채권의 원금, 이자, 비용 기타 부대채권에 관한 계산서를 배당요구종기까지 제출하도록 최고한다. 이것 역시 우선채권의 유무, 잉여의 가망이 있는지 여부를 확인하고 배당요구의 기회를 주는 의미가 있다.

04 매각방법 등의 지정·공고·통지

매각방법으로는 매수신청인이 매각기일에 매각장소에서 입찰표를 제출하는 기일입찰방법과 매수신청인이 지정된 입찰기간 안에 직접 또는 우편으로 입찰표를 제출하는 기간입찰방법이 있다. 법원은 이 두 방법 중 하나를 선택하고 매각기일 등을 지정하여 통지, 공고를 한다.

1. 매각기일 및 매각결정기일의 지정

법원은 잉여의 가망이 없다는 등의 경매절차를 취소할 사유가 없는 경우에는 직권으로 매각기일과 매각결정기일을 지정한다. 최초의 매각기일은 공고일부터 14일 이상의 간격을 두고 지정된다. 매각결정기일은 대개 매각기일부터 7일 뒤로 지정된다. 매각기일 및 매각결정기일의 지정은 원칙적으로 입찰을 실시할 때마다 하여야 하나 3~4회 정도의 기일을 일괄하여 지정할 수도 있다.

2. 매각기일의 공고

매각기일과 매각결정기일을 지정한 때에는 법원은 이를 공고한다.
매각기일의 공고에는 ①부동산의 표시 ②강제집행으로 매각한다는 취지와 그 매각방법 ③부동산의 점유자, 점유의 권원, 점유 사용할 수 있는 기간, 차임 또는 보증금의 유무와 그 액수 ④매각의 일시, 장소와 매각을 실시할 집행관의 성명 및 기간 입찰의 방법으로 매각할 경우에는 입찰기간, 장소 ⑤최저매각가격 ⑥매각결정의 일시 및 장소 ⑦매각물건명세서, 현황조사보고서 및 평가서의 사본을 매각기일 전에 법원에 비치하여 누구든지 볼 수 있도록 제공한다는 취지 ⑧등기부에 기입할 필요가 없는 부동산에 대한 권리를 가진 사람은 채권을 신고하여야 한다는 취지 ⑨이해관계인이 매각기일에 출석할 수 있다는 취지 ⑩일괄매각의 결정을 한 때에는 그 취지 ⑪매수인의 자격을 제한한 때에는 그 제한의 내용 ⑫매수신청의 보증금액과 보증 제공 방법 등을 기재하게 된다.

매각기일의 공고는 공고사항을 기재한 서면을 법원의 게시판에 게시하는 방법으로 한다. 공고사항의 요지는 인터넷 법원경매 정보사이트에서도 확인할 수 있다. 매각기일에 관한 공고는 그 요지를 일간신문에도 게재한다.

3. 매각기일의 통지

법원은 매각기일과 매각결정기일을 지정하면 이를 이해관계인에게 통지한다. 그 통지는 집행기록에 표시된 이해관계인의 주소에 등기우편으로 발송하여 할 수 있다. 이 경우 통지를 발송한 때 송달된 것으로 간주한다.

05 매각의 실시

기일입찰의 경우 집행관이 미리 지정된 매각기일에 매각장소에서 입찰을 실시하여 최고가매수신고인과 차순위매수신고인을 정한다. 기간입찰의 경우 집행관이 입찰기간 동안 입찰봉투를 접수하여 보관하다가 매각기일에 입찰봉투를 개봉하여 최고가매수신고인과 차순위매수신고인을 정한다. 기일입찰과 달리 매각기일에는 입찰을 실시하지 않고 있다.

1. 기일입찰의 매각실시

부동산의 매각은 ①매각기일에 하는 호가경매 ②매각기일에 입찰 및 개찰하게 하는 기일입찰 ③입찰기간 안에 입찰하게 하여 매각기일에 개찰하는 기간입찰 중 어느 하나의 방법으로 할 수 있다. 여기에서는 현재 대부분의 법원에서 실시하고 있는 통상의 방법인 기일입찰의 방법에 대하여 설명하도록 한다.

(1) 매각장소

매각기일은 법원 안에서 진행한다. 매각장소에는 다른 사람이 알지 못하도록 입찰표를 작성할 수 있는 설비(입찰표 기재대)가 마련되어 있다.

(2) 입찰표, 입찰봉투, 매각사건목록 및 매각물건명세서의 비치

매각장소는 매수희망자들이 자유롭게 사용할 수 있도록 입찰표와 입찰봉투가 비치되어 있다.

입찰봉투는 매수보증금을 넣는 흰색의 작은 봉투와 보증금 봉투 및 입찰표를 함께 넣는 누런색 큰 봉투가 있는데, 입찰을 하려면 두 가지 봉투가 모두 필요하다.

집행관은 매각사건목록을 작성하여 매각기일에 매각장소 중 누구나 쉽게 볼 수 있는 곳에 매각 물건명세서와 함께 비치 또는 게시한다.

(3) 동시매각의 원칙

하나의 매각기일에 입찰에 부칠 사건이 2건 이상이거나 부동산이 2건 이상인 경우에는 법원이 따로 정하지 아니한 이상, 각 부동산에 대한 매각을 동시에 실시한다. 이는 담합을 방지하고 자유로운 응찰을 보장하기 위한 취지이다.

(4) 입찰의 개시
매각절차는 집행관이 진행한다. 집행관은 매각기일에 입찰을 개시하기에 앞서 매각물건명세서, 현황조사보고서 및 평가서의 사본을 입찰참가자에게 열람하게 하고 특별매각조건이 있으면 이를 고지한다. 그 후 집행관이 입찰표의 제출을 최고하고 입찰마감시각과 개찰시각을 고지하면 입찰이 시작된다.

매수신청을 하려면 권리능력과 행위능력이 있어야 한다. 따라서 미성년자 등 행위능력이 없는 사람은 법정대리인에 의하여야만 입찰에 참가할 수 있다.
부동산을 취득하려면 관청의 증명이나 허가가 필요한 경우(예컨대, 농지를 취득하려면 농지법이 정한 농지취득자격증명을 요함)에 그 증명이나 허가는 매각결정기일까지 보완하면 되므로 입찰 시에 이를 첨부할 필요는 없다.

(5) 입찰표의 기재사항
입찰표에는 ①사건번호 ②입찰자의 성명과 주소 ③입찰가격 ④부동산의 표시 ⑤대리인에 의하여 입찰하는 경우에는 대리인의 성명과 주소 ⑥매수신청보증금액을 기재하여야 한다.

입찰가격은 일정한 금액으로 표시하여야 하며 정정하지 못한다. 입찰을 하려는 사람은 입찰표 기재대에 들어가서 입찰표를 기재하고, 매수신청보증금을 입찰보증금 봉투에 넣고 1차로 봉한 다음, 기재한 입찰표와 매수신청보증봉투를 다시 큰 입찰봉투에 넣어 봉하고 봉투의 지정된 위치에 날인하면 된다.

(6) 입찰표와 매수신청보증의 제출
입찰표와 매수신청보증금이 들어 있는 봉투를 집행관에게 제출하여야 한다. 봉투를 입찰함에 넣으면 집행관에게 제출한 것이 된다.
한 번 제출한 입찰표는 변경 또는 교환할 수 없다. 이를 허용하면 담합의 우려가 있을 뿐만 아니라 입찰표의 제출 후에 다른 입찰자의 입찰 내용을 알고 다시 입찰함으로써 불공정한 결과가 초래될 수 있기 때문이다.

매수신청의 보증금액은 최저매각가격의 1/10이다. 다만 법원이 상당하다고 인정하는 때에는 보증금액을 달리 정할 수 있으므로 주의를 요한다. 매수신청보증을 제공하려면 현금, 자기앞수표 또는 일정액의 보증료를 지급하고 발급받은 지급위탁계약체결문서를 제출하면 된다. 매수신청보증금을 제출하지 아니하면 입찰이 무효로 처리된다.

(7) 입찰의 종결
① 입찰의 마감 및 개찰

입찰표의 제출을 최고한 후 1시간이 지나기 전에는 입찰기일을 종결하지 못한다. 입찰을 마감하면 지체없이 입찰표의 개봉 즉, 개찰을 실시한다. 공정성을 확보하기 위하여 개찰할 때에는 매수신고인 즉, 입찰자가 출석하도록 하여야 한다. 입찰자가 출석하지 아니한 때에는 집행관은 법원사무관 등 상당하다고 인정하는 자를 대신 참여하게 한다.

② 최고가매수신청인의 결정
개찰결과 최고의 가격으로 매수신청을 하고 매수신청보증을 제출한 것으로 판명된 사람을 최고가매수신고인으로 결정한다. 그러나 최고의 가격으로 매수신고를 하고 매수신청보증도 제출한 사람이 2인 이상인 경우에는 그들만을 상대로 추가입찰을 실시한다

추가입찰의 경우 입찰자는 종전의 입찰가격에 미달하는 가격으로는 입찰할 수 없다. 종전의 입찰가격에 미달하는 가격으로 입찰한 경우에는 입찰하지 아니한 것으로 본다.
추가입찰을 실시하였는데 또다시 최고의 가격으로 매수신고를 한 사람이 2인 이상인 경우에는 그들 중에서 추첨으로 최고가매수신고인을 정한다. 추가입찰의 자격이 있는 사람 전원이 입찰하지 아니한 경우에도 역시 추첨에 의하여 최고가매수신고인을 정한다.

③ 차순위매수신고인의 결정

최고가매수신고인의 입찰가격에서 매수신청보증금액을 뺀 나머지 금액을 넘는 가격으로 입찰에 참가한 사람은 차순위매수신고를 할 수 있다. 차순위매수신고란 최고가매수신고인이 대금지급의무를 이행하지 아니하는 경우에는 자기의 입찰에 대하여 매각을 허가하여 달라는 신고를 말한다. 차순위매수신고는 그 신고액이 최저매각가격 이상이어야 하고 또 최고가매수신고액에서 매수신청보증금액을 뺀 나머지 금액을 초과하는 경우에만 할 수 있다.

차순위매수신고를 한 자가 2인 이상인 때에는 입찰가격이 높은 사람을 차순위매수신고인으로 정하고 입찰가격이 같을 때에는 추첨으로 차순위매수신고인을 정한다.

④ 매각기일의 종결고지

최고가매수신고인과 차순위매수신고인이 결정되면 집행관은 그들의 성명과 가격을 부른 다음 매각기일을 종결한다고 고지하게 된다. 입찰자가 없는 사건은 입찰불능으로 처리하고 매각기일의 종결을 고지한다.

⑤ 매수신청보증금의 반환

집행관은 매각기일의 종결을 고지한 후에 최고가매수신고인과 차순위매수신고인 이외의 입찰자들에게 그들이 제출한 매수신청보증금을 즉시 반환하게 된다. 매수신청보증금으로 경매보증보험증권을 제출한 경우에는 입찰에 참가함과 동시에 경매보증보험증권을 사용한 것으로 보기 때문에 경매보증보험증권을 반환하는 것은 아무런 의미가 없으나 입찰자들의 반환을 요청하는 경우에는 반환하여 주고 있다.

06 매각결정 절차

법원은 지정된 매각결정기일에 이해관계인의 의견을 들은 후 매각허가 여부를 결정한다. 매각허가 여부의 결정에 불복하는 이해관계인은 즉시항고를 할 수 있다.
매각기일에 최고가매수신고인이 정해지면, 법원은 매각결정기일에 이해관계인의 의견을 들은 후 매각허가 여부를 결정한다.

1. 매각기일 및 매각허·부 결정

법원은 매각결정기일에 매각허가에 관한 이해관계인의 의견을 듣고 직권으로 법이 정한 매각불허가 사유가 있는지 여부를 조사한 다음, 매각허가결정 또는 매각불허가결정을 선고한다.

2. 매각허·부에 대한 즉시항고

이해관계인은 매각허가 또는 매각불허가의 결정에 의하여 손해를 볼 경우에는 즉시항고를 할 수 있다. 매각허가에 정당한 이유가 없거나 결정에 적은 것 외의 조건으로 허가하여야 한다고 주장하는 매수인 또는 매각허가를 주장하는 매수신고인도 즉시항고를 할 수 있다.

항고장에 항고이유를 적지 아니한 때에는 항고인은 항고장을 제출한 날부터 10일 이내에 항고이유서를 원심법원에 제출하여야 한다. 매각허가결정에 대하여 항고를 하고자 하는 사람은 보증으로 매각대금의 10분의 1에 해당하는 금전 또는 법원이 인정한 유가증권을 공탁하여야 한다. 보증의 제공이 없으면 원심법원은 항고장을 접수한 날부터 7일 이내에 결정으로 즉시항고를 각하한 다음 경매절차를 계속 진행한다.

채무자나 소유자의 즉시항고가 기각된 때에는 항고인은 보증으로 제공한 금전이나 유가증권의 반환을 청구하지 못하고, 이는 배당재단에 편입되어 배당의 대상이 된다.

채무자 및 소유자 외의 사람이 한 항고가 기각된 때에는 항고인은 보증으로 제공한 금전이나 유가증권을 현금화한 금액 가운데 항고를 한 날부터 항고기각결정이 확정된 날까지의 매각대금에 대한 법정이자(연 20%의 비율에 의한 이자)부분에 대하여는 돌려 줄 것을 요구할 수 없으므로 그 지연손해금만이 배당할 금액에 포함되고, 나머지는 보증제공자에게 반환된다.

07 매각대금의 납부

매각허가결정이 확정되면 법원은 매각대금의 지급기한을 정하여 매수인에게 매각대금의 납부를 명한다. 매수인은 지정된 지급기한 안에는 언제든지 매각대금을 납부할 수 있다.

매수인이 지정된 지급기한까지 매각대금을 모두 납부하지 아니하면, 법원은 차순위매수신고인이 있는 때에는 그에 대하여 매각을 허가할 것인지 여부를 결정하고 차순위매수신고인이 없는 때에는 재매각을 명한다.

1. 대금지급기한

법원은 매각허가결정이 확정되면 지체없이 직권으로 대금지급기한을 정하여 이를 매수인에게 통지한다. 매수인은 지정된 대금지급기한 안에 언제든지 매각대금을 낼 수 있다.

2. 매각대금의 지급절차

매수인은 대금지급기한 안에 매각대금을 은행에 납부하여야 한다. 납부할 금액은 매각대금에서 입찰보증금으로 제공한 금액을 뺀 나머지 금액이다.

매수신청의 보증으로 경매보증보험증권이 제출된 경우에는 매각허가결정서에 적힌 매각대금 전액을 납부하여야 한다. 다만, 매수인은 배당표의 실시에 관계되는 채권자들이 승낙하면 매각대금의 한도에서 매각대금의 지급에 대신하여 채무를 인수함으로써 인수한 채무에 상당한 매각대금의 지급의무를 면할 수 있다.

또한, 배당받을 채권자가 동시에 매수인인 경우에는 매각결정기일이 끝날 때까지 법원에 신고하고 배당받아야 할 금액을 제외한 대금을 배당기일에 낼 수 있다.

3. 매각대금 지급의 효과

매수인은 매각대금을 모두 낸 때에는 경매의 목적인 권리를 확정적으로 취득한다. 이에 따라 차순위매수신고인은 매수의 책임을 면하고 즉시 매수신청보증금을 반환받을 수 있다.

4. 매각대금 미지급에 따른 법원의 조치

① 차순위매수신고인에 대한 매각허가결정

매수인이 대금지급기한까지 대금납부의무를 이행하지 아니할 경우 차순위매수신고인이 정해져 있으면, 법원은 차순위매수신고인에 대한 매각허가 여부를 결정하게 된다.

② 재매각

재매각은 매수인이 대금지급기한까지 매각대금을 모두 내지 않는 경우에 법원이 직권으로 다시 실시하는 매각을 말한다. 차순위매수신고인이 있는 경우에는 법원이 매각결정기일을 다시 지정하여 차순위매수신고인에 대하여 매각허가결정을 하고 대금지급기한을 지정하게 되며, 차순위매수신고인이 대금지급기한까지 대금을 내지 않으면 재매각을 하게 된다.

재매각기일에는 종전의 매수인이 최고가매수신고인으로 불렸던 매각기일에 적용되었던 최저매각가격, 그 밖의 매각조건이 그대로 적용된다. 따라서 최저매각가격이 낮아지지는 않는다.
종전의 매수인은 재매각 절차에 참가하여 매수신청을 할 수 없다. 다만, 종전 매수인이 재매각기일의 3일 이전까지 매각대금, 연 2할의 지연이자와 재매각절차의 비용을 낸 때에는 재매각절차를 취소하게 된다.

③ 보증금의 배당재단 편입
매수인이 매각대금을 내지 아니하여 바로 재매각절차에 들어가거나 차순위매수신고인에 대하여 매각허가결정이 내려지면 종전 매수인은 매수신청의 보증금을 돌려줄 것을 요구하지 못하고 그 보증금은 배당재단에 편입된다.
매수신청의 보증으로 경매보증보험증권이 제출된 경우라면 법원은 경매보증보험증권을 발급한 보증보험 회사에 보증금 납부를 최고한 다음 납부된 보증금을 배당재단에 편입시킨다.

08 소유권이전등기 등의 촉탁

매수인은 대금을 모두 납부하면 부동산의 소유권을 취득한다. 법원은 매수인이 필요한 서류를 제출하면 관할등기소에 매수인 명의의 소유권이전등기, 매수인이 인수하지 아니하는 부동산에 관한 부담의 말소등기를 촉탁하게 된다.

매수인이 매각대금을 모두 내면 매각부동산의 소유권을 취득하므로, 법원은 매수인 명의의 소유권이전등기, 매수인이 인수하지 아니하는 부동산 위의 부담의 말소등기를 등기관에 촉탁하게 된다.

다만, 그 등기의 비용은 매수인이 부담하여야 하므로, 매수인은 주민등록표등본, 등록세영수필통지서와 영수필확인서, 국민주택채권매입필증 등 첨부서류를 제출하여야 한다. 법원은 이러한 서류가 제출된 이후에 소유권이전등기 등을 등기소에 촉탁한다.

09 부동산인도명령

매수인이 매각대금을 모두 낸 후에는 채무자에 대하여 직접 자기에게 부동산을 인도할 것을 구할 수 있다.

채무자가 임의로 부동산을 인도하지 아니하는 경우 매수인은 매각대금을 완납한 뒤 6개월 이내에 법원에 부동산의 인도명령을 신청할 수 있다.

법원은 채무자·소유자 또는 대항력 없는 부동산 점유자에 대하여 부동산을 매수인에게 인도하도록 명할 수 있고, 매수인은 집행관을 통해 부동산을 강제적인 방법으로 인도받을 수 있다.

10 배당절차

매수인이 매각대금을 모두 납부하면 법원은 배당기일을 정하고 이해관계인과 배당을 요구한 채권자에게 그 기일을 통지하여 배당을 실시하게 된다.

이때의 배당재원은 매수인의 매각대금 뿐만 아니라 재매각의 경우 종전 매각 시 최고가매수인의 입찰보증금, 항고에 따른 보증금, 잔금납부지연으로 발생한 이자, 배당기일 전에 입금된 총금액에 대하여 발생한 이자 등이 모두 포함되게 된다.

1. 채권자계산서의 제출

채권자는 배당요구의 종기까지 법원에 그 채권의 원금, 이자, 비용 기타 부대채권의 계산서를 제출하여야 한다. 채권자가 계산서를 제출하지 아니한 경우 법원은 배당요구서 기타 기록에 첨부된 증빙서류에 의하여 채권액을 계산한다. 계산서를 제출하지 아니한 채권자는 배당요구의 종기 이후에는 채권액을 보충할 수 없다.

2. 배당표의 작성과 확정

집행법원은 미리 작성한 배당표 원안을 배당기일에 출석한 이해관계인과 배당요구한 채권자에게 열람시켜 그들의 의견을 듣고, 즉시 조사할 수 있는 서증을 조사한 다음, 배당표 원안에 추가·정정하여 배당표를 완성, 확정한다.

3. 배당금의 수령

등기부상의 채권자들은 배당표가 확정되는 대로 배당금을 수령할 수 있지만, 주택임차인은 낙찰자의 명도확인서와 인감증명서가 있어야만 배당금을 수령할 수 있다. 즉, 낙찰자의 협력이 있어야만 배당금의 수령이 가능하다.

제3편
부동산경매 기본이론

■ 부동산경매 진행절차 요약

순번	내용	기간	비고
01	경매신청 및 경매개시결정	경매신청접수일로부터 2일	
02	배당요구의 종기결정 및 공고	경매개시결정일로부터 3일	
03	매각준비	경매개시결정일로부터 3~4개월	1. 집행관현황조사 2. 부동산감정평가 3. 최저매각가격결정 4. 매각물건명세서작성, 비치 5. 공무소에 대한 최고 6. 이해관계인에 대한 채권신고의 최고
04	매각방법 지정, 공고, 통지	배당요구종기결정일로부터 2~3개월	
05	매각의 실시	경매개시결정일로부터 4~5개월	
06	매각결정	매각일로부터 7일 이내	1. 매각허가결정 2. 매각불허가결정
07	매각대금의 납부	매각일로부터 1개월 내	
08	소유권이전등기 촉탁	매각대금납부 후 접수 접수 후 3일	
09	부동산인도명령	매각대금납부 후 접수 접수 후 2~14일	1. 서류심사 2. 면접심사
10	배당절차	매각대금납부 후 1개월	※ 상계신청의 경우 대금납부기일과 배당기일이 같은 날짜로 지정

제3장 임대차보호법

01 개관

02 주택임대차보호법

03 상가건물임대차보호법

04 임차권등기명령

제3편
부동산경매 기본이론

제3장 임대차보호법

01 개관

주택임대차보호법은 국민의 주거생활 안정을 보장할 목적으로 1981년 처음 제정되었다. 민법에서 규율하고 있는 전세권이나 임대차계약의 규정들이 현실과 유리된 면이 있으므로 경제적 약자인 임차권자의 권리에 대하여 현행 민법으로써 보호하기 어려운 면을 보완하기 위한 취지에서 제정된 특별법이다.

매매의 경우 임대주택의 양수인은 임대인의 지위를 승계한 것으로 보기 때문에 임차인이 불의의 피해를 보는 경우가 거의 없으나, 경매의 경우 임차인의 전입일자 순위, 확정일자, 권리신고 및 배당요구 여부, 배당순위 등에 따라 임차보증금을 일부 또는 전액 반환받지 못하는 경우가 발생할 수 있다.

주택의 인도와 주민등록을 마치고 임대차계약서상의 확정일자를 갖춘 임차인은 민사집행법에 의한 경매시 임차주택(대지를 포함)의 환가대금에서 후순위권리자, 기타 채권자보다 우선하여 보증금을 변제받을 권리가 있다. 이 경우 우선변제의 순위와 보증금에 대하여 이의가 있는 이해관계인은 경매법원에 이의를 신청할 수 있다.

상가건물임대차보호법은 영세상인들의 상가 임차보증금 등을 보호할 목적으로 2001년 12월 29일 제정되었다. 영세상인들의 안정적인 생업 종사를 돕고 과도한 임대료 인상을 방지하여 세입자의 권리를 보장하기 위한 것이다. 사업자등록의 대상이 되는 영업용 건물에만 해당되며, 상가건물 임차인 중에서도 환산보증금이 일정 금액 이하인 영세상인만이 이 법의 적용을 받는다.

상가건물임대차보호법은 주택임대차보호법 시행 이후 주택임대차보호법의 내용을 상가에 맞게 적용하여 제정·사용함으로써 나름의 성과를 거두고 있으나 현실적으로 상가임차인 보호에 한계를 보이고 있으며 잦은 개정절차를 거치고 있다.

부동산경매로 부동산을 취득하고자 하는 사람의 입장에서 이 두 가지 임대차보호법에 관하여 왜 공부하여야 하는 것일까?

그것은 부동산경매로 취득하고자 하는 매각부동산이 주택이거나 상가일 때 주택임대차보호법이나 상가건물임대차보호법에서 규정한 임차인의 보호규정으로 말미암아 낙찰자가 인수하여야 할 금액이 발생할 수 있기 때문이다.
즉, 낙찰 후 임대차보호법규정에 의한 특정 대항력 있는 임차인의 경우 보증금을 낙찰자가 인수할 경우 추가비용이 발생하기 때문에 미리 파악하여 응찰가격산정시 고려하여야 한다.
또한, 대항력 있는 선순위 임차인이 배당요구를 하지 않을 때는 인도명령을 신청할 수도 없고 임대차계약의 잔여기간까지 거주할 권리가 있으므로 입찰자로서는 입찰물건의 운영계획수립 시 이러한 점들을 미리 고려하여야 한다.

02 주택임대차보호법

1. 적용대상 건물
주택임대차보호법의 적용대상이 되는 건물은 사실상 주거용으로 사용된 모든 건물을 말한다. 즉 등기된 건물뿐만 아니라 미등기건물도 포함하며 허가된 건물이나 무허가건물도 포함하며, 합법은 물론 불법 건물도 포함하며, 가건물, 비닐하우스, 상가건물도 주거용으로 사용하면 적용대상이 된다.

2. 공시방법
주택임대차보호법상 임차인으로서의 지위를 인정받으려면 주택인도(이사)와 주민등록법상 전입신고를 마쳐야 한다. 이 두 가지 요건은 성립요건일 뿐만 아니라 존속요건이므로 계속 유지되어야 한다.

3. 보호대상
주택임대차보호법상 임차인은 자연인이다. 법인의 경우 법인이 사원용 주택의 마련을 위하여 주택을 임차하고 그 소속 직원을 입주시킨 후 직원 명의로 주민등록을 마쳤다 하여도 이를 법인의 주민등록으로 볼 수는 없으며, 법인이 주택을 인도받고 확정일자를 갖추었다 하더라도 우선변제권을 주장할 수 없다.(대법원 96다7236 판결)고 판시하여 원칙적으로 법인의 임차인자격을 부여하고 있지 않다.

예외적으로 법인이 주택임대차보호법상 임차인으로서 인정되는 경우는 ①주택도시기금을 재원으로 하여 저소득층 무주택자에게 주거생활 안정을 목적으로 전세임대주택을 지원하는 법인이 주택을 임차한 후 지방자치단체의 장 또는 그 법인이 선정한 입주자가 그 주택을 인도받고 주민등록을 마쳤을 때는 제1항을 준용한다. 이 경우 대항력이 인정되는 법인은 대통령령으로 정한다. ②중소기업기본법 제2조에 따른 중소기업에 해당하는 법인이 소속 직원의 주거용으로 주택을 임차한 후 그 법인이 선정한 직원이 해당 주택을 인도받고 주민등록을 마쳤을 때는 제1항을 준용한다. 임대차가 끝나기 전에 그 직원이 변경된 경우에는 그 법인이 선정한 새로운 직원이 주택을 인도받고 주민등록을 마친 다음 날부터 제삼자에 대하여 효력이 생긴다. 위 ①과 ②의 상황에 해당하는 법인은 그 직원이 전입신고로 주민등록을 하고 이사를 왔을 때 대항력을 가지고, 임대차계약서에 확정일자를 받아야 우선변제권을 가진다.

4. 확정일자

주택임대차계약을 체결하고 이사하여 주민센터에 전입신고하고 나면 주택임대차보호법상 정당한 임차인으로서 대항력요건을 갖추게 된다. 대항력요건을 갖추었다 하더라도 임차인의 지위는 불완전할 수밖에 없기 때문에 확정일자를 받으면 민법상 물권의 효력처럼 우선변제의 효력을 인정하고 있다. 이러한 확정일자의 효력은 확정일자를 받은 익일 0시에 발생한다.

5. 대항력

대항력요건인 이사와 전입신고를 한 상태로 거주하다가 당해 주택이 매매로 소유권이 이전된 경우 새로운 매수인은 임대인의 지위를 승계하는 것이므로 종전 소유자와 임차인이 체결한 임대차 내용대로 임차인에 대한 임차보증금 반환의무와 임대차기간 거주할 권리를 보장하고 있다.

그런데 임차한 주택이 경매를 당했다고 가정해보자. 임차주택을 낙찰받아 새로운 소유자가 된 사람은 매매의 경우처럼 모든 임차인에게 기존의 임대차계약 잔여기간 동안 거주할 권리를 보장해주고 계약기간이 만료되면 임차보증금을 반환해줄까?

정답은 그럴 수도 있고 아닐 수도 있다.
그렇다면 임차인은 자신을 스스로 보호하기 위해서 임대차계약을 하기 전에 임차한 주택이 경매될 상황까지 고려하여야 한다. 임차인이 임차 주택이 경매되어도 손해를 보지 않기 위해서는 경매가 진행되어 새로운 소유자인 낙찰자에게도 위의 권리를 주장하기 위해서는 대항력이라는 것이 필요하다.

이는 대항력요건인 이사와 주민등록 외에 선순위자여야 한다. 선순위란 임차주택의 등기권리 중 말소기준권리보다 먼저 이사와 주민등록이 마쳐져야 한다는 말이다.

바꿔 말하면 임차한 주택에 말소기준권리보다 늦게 이사와 주민등록이 마쳐지면 대항력이 발생하지 않아 경매로 낙찰이 되면 낙찰자인 새로운 소유자에게 임대차계약 잔여기간 동안 거주할 권리와 임차보증금반환을 요구할 권리가 없게 된다.

그러므로 대항력이란 주택임차인이 말소기준권리보다 먼저 이사와 전입신고가 마쳐져서 임차한 주택이 경매로 낙찰이 되어도 낙찰자인 새로운 소유자에게 종전 소유자와 임대차 계약한 내용대로 임대차계약 잔여기간 동안 거주할 권리와 임대차보증금반환을 요구할 권리를 갖는 것을 말한다.

6. 우선변제권

(1) 주택임대차보호법 제3조의 2의 규정

대항요건과 임대차계약증서 상의 확정일자를 갖춘 임차인은 민사집행법에 따른 경매 또는 국세징수법에 따른 공매를 할 때 임차주택(대지를 포함)의 환가대금에서 후순위권리자나 그 밖의 채권자보다 우선하여 보증금을 변제받을 권리가 있다.

(2) 법률적 효과

대항력요건을 갖추고 확정일자를 받은 상태에서 배당요구를 하면 민법상 담보물권처럼 경매에서 배당을 받을 수 있다. 이는 채권적 지위에 있는 임차인의 약한 권리를 강화시켜주는 기능을 한다. 즉, 대항력을 갖추고 확정일자를 받은 시점을 기준으로 저당권과 동등한 권리로 순위에 따라 배당을 받을 수 있다.

7. 최우선변제권

이사와 전입신고를 마친 대항력요건을 갖춘 임차인이 임차보증금이 주택임대차보호법에서 정한 일정 금액 이하(소액임차보증금)일 경우 확정일자 유무와 관계없이 배당요구를 하면 보증금 중 일정액을 다른 담보물권자보다 우선하여 변제받을 권리를 말한다. 소액임차인이 많아 최우선변제금이 매각가의 1/2을 초과해도 매각가의 1/2 범위 내에서만 배당이 된다.

8. 임대차보호법 적용보증금

주택임대차보호법상 적용되는 임차보증금의 한계는 없다. 즉 보증금이 얼마가 되든지 이 법의 적용대상이 된다. 이 점에 있어서 상가건물임대차보호법은 환산보증금이 일정 금액 이하인 경우에만 법의 적용이 되는 점에서 서로 다른 점이다.

9. 지역별 최우선변제금액

(1) 기준시점

전입신고일이 아니라 최초 근저당권설정 일자를 기준으로 최우선변제금액을 정한다. 최초 근저당권설정 일자를 기준으로 하여 최우선변제금액이 정해지는 이유는 채권자 보호 측면을 고려한 입법정책에서 기인한 것이다.

담보권설정이 없을 때는 배당시점일을 기준일로 한다.

(2) 지역별 최우선변제금액 (단위 만원)

최선순위 담보권설정 일자	지 역	소액보증금 적용범위	최우선변제금
2016.03.31.~ 2018.09.07	서울특별시	10,000	3,400
	수도권 중 과밀억제권역	8,000	2,700
	광역시(군제외) 안산, 용인, 김포, 광주 포함	6,000	2,000
	세종시	6,000	2,000
	그 외 지역	5,000	1,700
2018.09.18.~ 2021.05.10	서울특별시	11,000	3,700
	과밀억제권역, 세종, 용인, 화성	10,000	3,400
	광역시(군제외) 안산, 용인, 김포, 광주, 파주	6,000	2,000
	그 외 지역	5,000	1,700
2018.05.11.~ 2023.02.20	서울특별시	15,000	5,000
	과밀억제권역, 세종, 용인, 화성	13,000	4,300
	광역시(군제외) 안산, 용인, 김포, 광주, 파주	7,000	2,300
	그 외 지역	6,000	2,000
2023.02.21.~ 현재	서울특별시	16,500	5,500
	과밀억제권역, 세종, 용인, 화성	14,500	4,800
	광역시(군제외) 안산, 용인, 김포, 광주, 파주	8,500	2,800
	그 외 지역	7,500	2,500

03 상가건물임대차보호법

1. 적용대상 건물
상가건물임대차보호법의 적용대상이 되는 건물은 건물 전체 또는 주된 부분이 영업용인 건물이면 된다. 그러므로 비상업용이나 비영업용 건물은 적용되지 않는다. 예를 들면 동창회 사무실, 종교단체 등 비영리단체가 임차한 건물임대차는 이 법의 적용대상이 아니다.

2. 공시방법
상가건물임대차보호법상 임차인으로서의 지위를 인정받으려면 상가인도(입주)와 부가가치세법, 소득세법, 법인세법상 사업지 관할 세무서에 사업자등록을 마쳐야 한다. 이 두 가지 요건은 성립요건일 뿐만 아니라 존속요건이므로 일정 시점까지는 계속 유지되어야 한다.

3. 보호대상
상가건물임대차보호법상 임차인은 사업지 관할세무서에 부가가치세법, 소득세법, 법인세법상 사업자등록을 마친 개인과 법인이다.

4. 확정일자
대항력요건을 갖춘 상태에서 사업장소재지 관할 세무서장에게 임대차계약서에 확정일자를 받는다.

5. 대항력

대항력이란 상가건물의 인도와 사업자등록이 마쳐져 있고 선순위여야 한다. 상가건물이 경매로 낙찰이 되어도 낙찰자인 새로운 소유자에게 종전 소유자와 임대차 계약한 내용대로 임대차 계약 잔여기간 동안 거주할 권리와 임대차보증금반환을 요구할 권리를 갖는 것을 말한다.

6. 우선변제권

대항력요건인 상가건물의 인도와 사업자등록을 마치고 확정일자를 받은 상태에서 배당요구를 하면 민법상 담보물권처럼 경매시 배당을 받을 수 있다.

법률적 효과는 경매배당 시 후순위권리자와 다른 채권자보다 우선하여 임차보증금을 배당받을 수 있다.

7. 최우선변제권

대항력요건인 상가건물의 인도와 사업자등록을 마친 임차인이 임차보증금이 상가건물임대차보호법에서 정한 일정 금액 이하(소액임차보증금)일 경우 확정일자 유무와 관계없이 배당요구를 하면 보증금 중 일정액을 다른 담보물권자보다 우선하여 변제받을 권리를 말한다.

소액임차인이 많아 최우선변제금이 매각가의 1/2을 초과하는 경우에도 매각가의 1/2범위 내에서만 배당이 된다.

8. 임대차보호법 적용보증금

상가건물임대차보호법상 적용되는 임차보증금은 주택임대차보호법과 적용이 다르다. 즉 상가건물임대차보호법에서 보증금은 환산보증금이 적용된다.

환산보증금이란 보증금 + (월세 × 100)으로 상가건물임대차보호법은 환산보증금이 일정 금액 이하인 경우에만 법의 적용이 되는 점에서 주택임대차보호법과 다른 점이다.

9. 지역별 최우선변제금액

(1) 기준시점

최초 근저당권설정 일자를 기준으로 최우선변제금액을 정한다.

(2) 지역별 최우선변제금액 (단위 만원)

최선순위 담보권설정 일자	해당지역	환산보증금 범위내적용	최우선변제 적용보증금	최우선 변제금
2018.01.26~ 2019.04.01	서울특별시	61,000	6,500	2,200
	수도권 과억억제권역 (서울 외)	50,000	5,500	1,900
	부산광역시 (기장군 외)	50,000	3,800	1,300
	부산광역시 (기장군)	50,000	3,000	1,000
	광역시(군지역 외) 안양시, 용인시, 김포시, 광주시	39,000	3,800	1,300
	세종시, 파주시, 화성시	39,000	3,000	1,000
	기타지역	27,000	3,000	1,000
2019.04.02~ 현재	서울특별시	90,000	6,500	2,200
	수도권 과억억제권역 (서울 외)	69,000	5,500	1,900
	부산광역시 (기장군 외)	69,000	3,800	1,300
	부산광역시 (기장군)	69,000	3,000	1,000
	광역시(군지역 외) 안양시, 용인시, 김포시, 광주시	54,000	3,800	1,300
	세종시, 파주시, 화성시	54,000	3,000	1,000
	기타지역	37,000	3,000	1,000

04 임차권등기명령

1. 개념
임대차계약 기간이 만료되었음에도 불구하고 임차보증금을 돌려받지 못하는 경우 임대인의 동의 없이 임차인 혼자서 임차주택 소재지 법원에 임차권등기명령을 받음으로써 종전에 취득한 대항력과 우선변제권을 유지하면서 이사할 수 있는 제도이다.

2. 요건
① 임대차계약 기간이 만료된 후 임대차보증금을 돌려받지 못한 경우
② 미등기 건물이 아닌 등기된 건물일 것
③ 임대 기간의 약정이 없는 임대차의 해지 통고는 임차인이 해지 통고한 날로부터 1개월이 지난 경우
④ 임차주택의 일부가 임차인의 과실 없이 멸실 그 밖의 사유로 사용 수익할 수 없게 되거나 그 잔존 부분으로는 임대차의 목적을 달성할 수 없어 임차인이 해지 통고를 하고 그 통고가 임대인에게 도달한 경우

3. 효과
① 임차인이 임차권등기명령에 의한 등기 이전에 이미 대항력 또는 우선변제권을 취득한 경우에는 임차권등기 이후에 대항요건을 상실하더라도 이미 취득한 대항력 또는 우선변제권을 상

실하지 아니한다.
② 임대차가 종료된 후 보증금을 반환받지 못한 임차인이 임차권등기명령의 집행에 의한 등기를 경료한 때에는 대항력과 보증금의 우선변제권을 취득한다.
③ 임차권등기명령에 의한 임차권등기가 경료된 주택을 그 이후에 임차한 임차인은 소액보증금의 최우선변제를 받을 수 없다.
④ 임차인은 임차권등기명령의 신청 및 그에 따른 임차권등기와 관련하여 소요된 비용을 임대인에게 청구할 수 있다.
⑤ 임차권등기명령에 의하여 임차권등기를 한 임차인은 배당요구 없이 배당을 받을 수 있다.

4. 필요서류
임차권등기명령신청서, 주민등록등본, 임대차계약서 사본, 부동산등기등본, 부동산목록(부동산의 표시), 기타 임대차보증금반환청구에 대한 내용증명서

5. 신청서 기재사항
제2조(임차권등기명령신청서의 기재사항 등)
임차권등기명령신청서에는 다음 각호의 사항을 기재하고 임차인 또는 대리인이 기명날인 또는 서명하여야 한다.
① 사건의 표시
② 임차인과 임대인의 성명, 주소, 임차인의 주민등록번호(임차

인이나 임대인이 법인 또는 법인 아닌 단체인 경우에는 법인명 또는 단체명, 대표자, 법인등록번호, 본점·사업장소재지)
③ 대리인에 의하여 신청할 때에는 그 성명과 주소
④ 임대차의 목적인 주택 또는 건물의 표시(임대차의 목적이 주택 또는 건물의 일부인 경우에는 그 목적인 부분을 표시한 도면을 첨부한다)
⑤ 반환받지 못한 임차보증금액 및 차임(주택임대차보호법 제12조 또는 상가건물임대차보호법 제17조의 등기하지 아니한 전세 계약의 경우에는 전세금)
⑥ 신청의 취지와 이유
⑦ 첨부서류의 표시
⑧ 연월일
⑨ 법원의 표시

제3편
부동산경매 기본이론

■■ 임대차보호법 요약

내 용	주택임대차보호법	상가건물임대차보호법
적용대상	사실상 주거용으로 사용중인 건물	주된 부분이 영업용인 건물
적용범위	등기·미등기, 허가·무허가, 합법·불법, 가건물, 비닐하우스, 상가건물도 주거용으로 사용하면 적용	사업용 건물, 영업용 건물 사업자등록 대상이 되는 건물
공시방법	주택인도(이사) + 주민등록	상가인도(입주) + 사업자등록
보호대상	자연인, 일부법인(주택임대사업)	사업자등록을 마친 개인, 법인
확정일자	읍면주민센터, 법원, 등기소	관할세무서
대항력요건	주택인도(이사) + 주민등록(전입신고)	상가인도(입주) + 사업자등록
대 항 력	요건 : 주택인도 + 주민등록 + 선순위 효과 : 계약기간만료시까지 거주할권리, 임차보증금반환청구할 권리	요건 : 상가인도(입주) + 사업자등록 + 선순위 효과 : 계약기간만료시까지 입주할권리, 임차보증금반환청구할 권리
우선변제권	요건 : 대항력요건 + 확정일자 + 배당요구 효과 : 우선변제 배당받을 권리	요건 : 대항력요건 + 확정일자 + 배당요구 효과 : 우선변제 배당받을 권리
최우선변제권	요건 : 대항력요건 + 소액보증금 + 배당요구 효과 : 보증금중 일정액을 다른 담보물권자보다 우선하여 변제받을 권리 제한 : 매각가의 1/2범위 내	요건 : 대항력요건 + 소액보증금 + 배당요구 효과 : 보증금중 일정액을 다른 담보물권자보다 우선하여 변제받을 권리 제한 : 매각가의 1/2범위 내
임대차보호법 적용 보증금	보증금액수 제한 없음	환산보증금 적용 서울 : 4억원 수도권과밀억제권역 : 3억원 광역시, 안산, 용인, 김포, 광주 : 2.4억원 기타지역 : 1.8억원
지역별 최우선변제금액	2023.02.21~~현재 서울 : 16,500 / 5,500 수도권 중 과밀억제권역,세종시 : 145,00 / 4,800 광역시, 안산, 용인, 김포, 광주 : 8,500 / 2,800만원 기타지역 : 7,500 / 2,500	2019.04.02~현재 서울 : 90,000/2,200만원 수도권과밀억제권역 : 69,000/1,900만원 광역시, 안산, 용인, 김포, 광주 : 54,000/1,300만원 기타지역 : 37,000만원/1,000만원
임차권등기명령	임대차기간이 만료되었음에도 보증금을 돌려받지 못한 경우. 임차인 단독으로 임차권등기 후 이사 가능. 종전에 취득한 대항력 및 우선변제권 유지	

제4장 권리분석

01 개관
02 말소기준 권리
03 말소기준 권리보다 선순위
04 말소기준 권리보다 후순위
05 항상 인수하는 권리
06 임대차 권리분석시 유의사항
■■ 유치권
■■ 법정지상권
■■ 제시외 물건

제3편
부동산경매 기본이론

제4장 권리분석

01 개관

권리분석이란 입찰 전에 매각대상 부동산에 존재하는 부동산 등기사항전부증명서상의 권리와 등기되지 않은 권리들을 분석하여 낙찰받은 후에 인수할 권리를 미리 찾아내어 추가 비용 발생을 차단하거나 감소시키기 위한 일련의 사전활동이라 할 수 있다.

경매의 경우 낙찰을 받은 후 잔금을 치르고 소유권이전등기를 하면 매각 물건 위에 존재했던 부동산 등기사항전부증명서상의 권리는 소멸하는 것이 원칙이다. 그러나 특정한 경우의 권리들은 별도의 절차와 비용을 들여야 말소되는 경우가 있다. 이것이 인수권리가 된다.

등기되지 않은 권리도 분석하여야 하는데 유치권, 법정지상권, 임차 권리 등은 등기부에 나타나지 않으므로 별도의 자료와 조사를 통하여 권리분석을 하여야 한다. 유치권의 경우 물권임에도 불구하고 등기되는 권리가 아니므로 실제 현장과 점유상태 그리고 법원에 신고된 유치권신고서를 통하여 검토하여야 하고, 주택임차인과 상가임차인의 경우 임대차계약서와 주민센터나 세무서에 신고된 임대차계약서상의 확정일자 그리고 법원에 제출된 권리신고서 및 배당요구서 등을 통하여 인수할 권리를 검토하여야 한다.

임차권리도 말소기준권리보다 선순위인 경우에는 임차인이 배당요구를 하지 않으면 낙찰자가 인수하여야 하므로 법원에 제출된 서류를 통하여 검토하여야 한다.

여기에서 말소기준권리를 기준으로 선순위인 경우는 대부분 인수대상이다. 그렇다면 말소기준권리는 무엇인가?

말소기준권리란 부동산경매에서 매각부동산이 낙찰될 경우, 그 부동산에 존재하던 권리가 소멸하는가, 그렇지 않으면 그대로 남아 낙찰자에게 인수되는가를 가늠하는 기준이 되는 권리를 말하며 저당권, 근저당권, 담보가등기, 압류, 가압류, 강제경매개시결정등기, 전세권이며 이들 중 가장 앞선 권리이다.

권리분석의 핵심은 말소기준권리 스스로는 낙찰로 모두 말소되며, 말소기준권리보다 앞선 권리는 인수되며, 말소기준권리보다 뒤의 권리는 소멸하는 것이 원칙이다.

여기에는 예외적인 사항들이 있다. 말소기준권리보다 앞선 권리임에도 소멸되는 경우가 있고, 말소기준권리보다 뒤의 권리임에도 말소되지 않는 경우가 있으므로 학습을 통하여 배워야 하며, 실전에서는 이들의 권리분석에 특히 유의하여야 한다.

결국, 권리분석은 낙찰 후 인수할 권리들을 미리 파악하여 응찰가 산정에 고려하여 그 금액만큼 차감한 금액으로 응찰하여야 하며, 대항력 있는 점유자를 미리 파악하여 낙찰 후 인도시에 대응 전략을 수립하고자 함이다.

1. 권리분석의 개념

권리분석이란 입찰 전에 등기사항전부증명서상의 권리, 등기사항전부증명서 외의 권리(유치권, 법정지상권, 임차권리) 등을 분석하여 낙찰 후에 낙찰자가 낙찰대금 외에 추가로 부담해야 할 권리나 금액이 있는지 미리 분석하는 일련의 행위를 말한다.

경매 공부를 한다는 것은 권리분석을 배운다고 할 정도로 경매 공부에서 핵심이 되는 부분이다. 왜냐하면, 권리분석을 함으로써 결국 입찰자가 인수하여야 할 권리를 미리 찾아내어 그 금액만큼 응찰가에서 차감하여 입찰하여야 한다. 이렇게 하지 않는다면 싸게 낙찰받고 후에 물어주는 금액이 커지면 결과적으로 싸게 낙찰받은 것이 아니고 심지어는 손해를 보는 결과를 초래하기 때문이다.

경매의 핵심은 매각부동산을 시가보다 싸게 취득하는 것인데 권리분석을 제대로 해서 낙찰 후 추가로 물어주는 일이 없도록 하여야 할 것이고, 물어줄 권리나 금액이 있다면 그 금액만큼 응찰가격에서 뺀 금액으로 입찰하여야 함을 다시 한번 강조하는 바이다.

2. 권리분석의 대상

권리분석은 매각부동산의 등기사항전부증명서를 발급하여 검토해보면 대략적으로 윤곽을 잡을 수 있다. 등기사항전부증명서는 표제부와 갑구와 을구로 나누어져 있는데 후술할 말소기준권리를 갑구나 을구에서 찾을 수 있고, 원칙적으로 그 권리를 기준으로 선순위는 인수하고 후순위는 말소되므로 어느 정도 학습하면 분석할 수 있다.

하지만 등기사항전부증명서 외에 권리들은 분석에 어려운 점이 있다. 임차인의 권리나 유치권, 법정지상권은 등기되지 않는 권리이므로 상당한 훈련이 필요하다. 또한, 유치권, 법정지상권 등 이른바 특수권리들은 그 논리가 법률의 규정뿐만 아니라 대법원판례까지 익혀야 어느 정도 분석할 수 있으므로 따로 학습해야 한다.

3. 권리분석의 도구

부동산경매를 주관하는 법은 민사집행법이다. 민사집행법에는 경매에 대한 실체법적인 규정도 있으나 대부분 경매절차를 규정하는 절차법적 성격이 강하다. 특히 권리분석에 관하여는 권리를 규정한 민법이 중심을 이루고, 체육시설에 존재하는 회원권에 관하여는 『체육시설의설치및이용에관한법률』이 있듯이 특별한 경우에는 단행법을 숙지하고 있어야 한다. 단행법은 필요에 따라 그때그때 찾아서 적용하면 될 것이다.

법률은 추상적인 대강만을 정해놓았기에 구체적인 사안을 다 해결할 수 없을 때가 많다. 이러한 경우 분쟁이 생기게 되고 그 분쟁을 해결하는 것이 법원의 재판이므로 법원의 최상급심인 대법원에서 재판한 판례가 구체적인 사건의 해결 지침이 되는 경우가 많다. 물론 구체적인 사안이 대법원판례와 똑같지는 않기에 대법원판례를 탄력적으로 해석하는 자세가 필요하다.
시간과 장소에 따라 법원의 판단이 달라지므로 대법원판례를 도식화하는 우를 범해서는 안되겠지만 대법원판례가 가지는 의미를 새기며 이해한다면 구체 사안의 해결에 상당한 도움이 될 것이리라 본다.

전 소유자가 납부하지 않은 집합건물의 체납관리비를 낙찰자가 납부하는 범위에 관한 문제에서도 『집합건물의이용및관리에관한법률』이 있지만 실제 실무상 해결에 있어서는 『대법원판례』를 주로 활용하고 있다.

02 말소기준권리

1. 의의
말소기준권리란 매각부동산 위의 권리들이 낙찰자가 소유권을 취득하고 매각되는 부동산 위의 권리들이 매수인과의 관계에서 말소되는지, 인수되는지 기준이 되는 권리의 기준이 되는 권리이다.

2. 권리의 종류
저당권, 근저당권, 압류, 가압류, 담보가등기, 강제경매개시결정등기, 특정한 경우의 전세권으로 총 7개이다. 이들 말소기준권리는 타 권리의 말소여부의 기준되는 권리이면서 그 권리 자체는 경매낙찰로 모두 소멸된다.

3. 기능
첫째로 낙찰자가 등기사항전부증명서상의 권리들의 말소 또는 인수하느냐의 기준이 된다.

둘째는 낙찰자가 임차인의 보증금 인수여부의 기준이 된다. 말소기준권리보다 먼저 전입신고하고 이사하여 살고 있으면서 배당요구를 하지 않으면 낙찰자가 임차인의 보증금을 모두 변제하여야 한다.

또한, 선순위 대항력 있는 임차인의 경우 배당요구를 하였다 하더라도 일부 배당받지 못한 임차보증금이 있다면 이 역시 낙찰자가 변제하여야 한다. 여기에서 임차인이 임차보증금을 전액 배당받을지 일부 배당받을지는 입찰 전에 배당표를 미리 작성해 보아야 한다.

셋째, 낙찰자가 소유권을 취득한 후 점유자를 상대로 인도청구를 할 때 인도명령대상인지의 기준이 된다. 즉, 말소기준권리보다 선순위인 경우 인도명령대상이 되지 않아 인도소송의 대상이 된다.

03 말소기준권리보다 선순위

1. 원칙

등기부상 선순위권리는 인수한다. 등기부 외의 권리로 임차권리가 선순위인 경우 배당요구를 하지 않은 경우에는 임차보증금 전액을 인수해야 하고, 배당요구를 한 경우라도 배당을 받지 못한 금액에 대하여는 인수한다.

2. 예외

저당권에 부수한 지상권 등기는 낙찰로 소멸한다. 은행에서 저당권등기를 할 때 저당권등기의 부수 권리로 지상권을 설정할 때가 있는데 일반적으로 저당권 다음 순위로 지상권설정 등기를 하는 것이 일반적이다.

어떠한 경우에는 지상권등기를 선순위로 하고 저당권등기를 후순위로 등기하는 경우가 있다. 이러한 경우에도 지상권등기는 선순위이나 저당권등기에 부수한 권리이므로 낙찰로 소멸한다.

특정한 경우의 선순위 가처분은 선순위임에도 낙찰로 소멸한다. 예를 들면 가처분의 목적을 달성했음에도 불구하고 말소등기를 하지 않은 선순위 가처분의 경우에도 낙찰로 소멸한다. 그리고 가처분권자가 현 소유자인 경우에 가처분의 목적을 달성했으나 가처분등기를 말소하지 않고 방치한 경우가 있는데 이는 낙찰자가 소유권이전등기를 하면서 말소하면 된다.
특정한 경우의 선순위 가등기도 낙찰로 말소되는 경우가 있다.

등기부에 소유권이전청구권가등기는 선순위일 경우 낙찰자가 인수하는 권리로 주의를 요해야 하지만 때로는 채권자가 채권계산서를 제출하는 경우가 있는데 이는 담보가등기이기 때문에 배당받고 말소된다.

선순위 가등기권자가 경매개시신청을 했거나 채권계산서를 제출하는 경우는 낙찰자가 인수할 권리가 아니다. 또한, 소유권이전청구가등기라 할지라도 채권의 소멸시효가 10년이므로 10

년 이상이 지난 소유권이전청구가등기는 낙찰받고 시효소멸을 이유로 말소 청구하면 된다.

경매물건에 대한 권리분석을 하던 중 선순위 가등기가 있을 때 실무적인 처리방법은 법원 문건처리명세를 참조하여 선순위가등기권자가 배당요구를 하였는지 여부를 살펴보아 배당요구를 하였다면 담보가등기로 낙찰로 인하여 말소되는 것으로 보면 되고, 배당요구를 하지 않았다면 소유권이전청구권가등기로 보아 낙찰로 말소되지 않는 권리로 보아 인수권리로 파악하면 된다.

04 말소기준권리보다 후순위

1. 원칙

말소기준권리보다 후순위인 등기부상 권리는 원칙적으로 말소된다. 또한, 후순위 임차권리도 인수권리가 아니다.

2. 예외

가처분이란 현재 채권자의 권리가 실행 불능한 상태로 다툼이 있는 부동산에 제3자에게 처분하지 못하게 임시조치를 하여 후에 채권자가 자신의 권리를 보존하기 위한 권리이다. 이러한 가처분도 원칙적으로 후순위이면 말소되고 선순위이면 인수되는 권리이나 예외적으로 후순위이라도 말소되지 않는 경우가 있다.

후순위 가처분이라 할지라도 소유자의 진정한 소유권을 다투는 것을 목적으로 한 가처분이나 토지소유자가 지상 건물 소유자에 대한 건물철거 또는 토지인도청구권을 보전하기 위한 가처분은 후순위가처분 일지라도 말소되지 않는 경우가 있으므로 가처분의 소송내용을 파악한 뒤 입찰에 응해야 하겠다.

05 항상 인수하는 권리

1. 진정한 유치권

유치권이란 타인의 물건 또는 유가증권을 적법하게 점유한 자가 그 물건이나 유가증권에 관하여 생긴 채권을 변제받을 때까지 점유하는 권리를 말한다. 이러한 유치권도 허위의 경우가 대부분이나 진정한 유치권은 말소기준권리를 기준으로 성립의 전·후를 막론하고 항상 성립한다.

2. 법정지상권

법정지상권이란 한 사람의 토지와 그 위의 건물이 담보권실행을 위한 경매로 각각 그 소유권이 달라졌을 때 법률의 규정으로 그 건물의 소유자에게 당연히 인정되는 지상권이다. 예를 들면 한 사람에게 속하던 토지와 건물 중 건물만이 임의경매를 당하여 새로이 건물을 취득한 사람에게 등기여부와 상관없이 지상권이 인정되는 경우이다.

3. 배당요구하지 않은 선순위 임차권·전세권

배당요구를 하지 않은 선순위 대항력을 갖춘 임차인의 권리나 선순위 전세권은 낙찰자가 임차보증금이나 전세보증금을 인수하여야 한다.

4. 배당요구하였으나 배당받지 못한 일부 선순위 임차보증금

배당요구를 하였으나 배당받지 못한 선순위 임차보증금은 낙찰자가 인수하여야 한다.

이와는 달리 선순위 전세보증금은 일단 배당요구를 하고 나면 배당받지 못한 전세보증금은 낙찰자가 인수하지 않아도 된다. 그러므로 전세권이 임차인의 권리보다 항상 안전하다고 말할 수는 없다.

06 임대차 권리분석시 유의사항

1. 선순위임차인으로서 배당요구를 하였으나 확정일자가 없는 경우
임차인이 우선변제권을 행사해서 배당을 받으려면 대항력요건인 전입신고와 이사(점유)를 하고 임대차계약서에 확정일자를 받아야 한다.
그런데 확정일자가 없는 상태에서 배당요구를 하면 배당받지 못하는데 임차인이 선순위인 경우 대항력이 발생하기 때문에 낙찰자가 임차인의 임차보증금을 인수하여야 한다.

그러므로 선순위임차인이 배당요구를 하였다 하여 인수권리가 없는 것으로 권리분석하면 낭패를 볼 수 있으므로 권리분석에 유의하여야 한다.

2. 선순위임차인으로서 배당요구를 하였으나 일부 배당받지 못한 금액은 인수
선순위 임차인이 적법한 요건을 갖추어 배당요구를 하여 배당받았으나 일부 배당받지 못한 금액은 낙찰자가 인수하여야 하므로 경매입찰 전에 배당표를 짜보아서 인수금액이 있는지 면밀히 검토하여야 한다.

3. 최우선변제권도 배당요구를 하여야 배당

최우선변제권을 행사하려면 주택임대차보호법 또는 상가건물임대차보호법에서 정한 보증금액 이하에 해당되어야 하고 그러한 경우 일정 최우선변제금을 배당받는다. 하지만 임차인이 최우선변제권을 행사하려면 경매개시결정등기 이전에 전입신고되어야 하고, 배당요구종기일 이전에 배당요구를 하여야만 배당받는 점을 유의하여야 한다.

4. 1/2 범위내에서만 배당

최우선변제금액은 배당할 금액의 1/2범위 내에서 배당된다.
최우선변제금액은 경매낙찰 후 배당절차에서 최우선변제금 합계액이 배당할 금액의 1/2범위 내에서만 배당받는다. 다가구나 원룸 등에 임차인이 많은 경우에 종종 이러한 일이 발생하곤 한다.

■■ 유치권

1. 유치권의 개념

유치권이란 타인의 물건 또는 유가증권을 적법하게 점유한 자가 그 물건이나 유가증권에 관하여 생긴 채권을 변제받을 때까지 인도를 거절할 수 있는 권리를 말한다.

2. 민법의 규정

제320조(유치권의 내용) ① 타인의 물건 또는 유가증권을 점유한 자는 그 물건이나 유가증권에 관하여 생긴 채권이 변제기에 있는 경우에는 변제를 받을 때까지 그 물건 또는 유가증권을 유치할 권리가 있다.
② 전항의 규정은 그 점유가 불법행위로 인한 경우에 적용하지 아니한다.
제321조(유치권의 불가분성) 유치권자는 채권 전부의 변제를 받을 때까지 유치물 전부에 대하여 그 권리를 행사할 수 있다.

제322조(경매, 간이변제충당) ① 유치권자는 채권의 변제를 받기 위하여 유치물을 경매할 수 있다.
② 정당한 이유가 있는 때에는 유치권자는 감정인의 평가에 의하여 유치물로 직접 변제에 충당할 것을 법원에 청구할 수 있다. 이 경우에는 유치권자는 미리 채무자에게 통지하여야 한

다.

제323조(과실수취권) ① 유치권자는 유치물의 과실을 수취하여 다른 채권보다 먼저 그 채권의 변제에 충당할 수 있다. 그러나 과실이 금전이 아닌 때에는 경매하여야 한다.
② 과실은 먼저 채권의 이자에 충당하고 그 잉여가 있으면 원본에 충당한다.

제324조(유치권자의 선관의무) ① 유치권자는 선량한 관리자의 주의로 유치물을 점유하여야 한다.
② 유치권자는 채무자의 승낙 없이 유치물의 사용, 대여 또는 담보제공을 하지 못한다. 그러나 유치물의 보존에 필요한 사용은 그러하지 아니하다.
③ 유치권자가 전2항의 규정에 위반한 때에는 채무자는 유치권의 소멸을 청구할 수 있다.

제325조(유치권자의 상환청구권) ① 유치권자가 유치물에 관하여 필요비를 지출한 때에는 소유자에게 그 상환을 청구할 수 있다.
② 유치권자가 유치물에 관하여 유익비를 지출한 때에는 그 가액의 증가가 현존한 경우에 한하여 소유자의 선택에 좇아 그 지출한 금액이나 증가액의 상환을 청구할 수 있다. 그러나 법원은 소유자의 청구에 의하여 상당한 상환기간을 허여할 수 있다.

제326조(피담보채권의 소멸시효) 유치권의 행사는 채권의 소멸시효의 진행에 영향을 미치지 아니한다.
제327조(타담보제공과 유치권소멸) 채무자는 상당한 담보를 제공하고 유치권의 소멸을 청구할 수 있다.
제328조(점유상실과 유치권소멸) 유치권은 점유의 상실로 인하여 소멸한다.

3. 유치권의 채권

공사대금채권이나 임차인의 유익비 또는 필요비가 대부분이다.

4. 유치권의 성립요건

① 타인물건
타인의 물건을 대상으로 한다.
② 견련관계
채권이 유치권의 대상인 목적물에 관하여 발생하여야 한다.
③ 변제기도래
채권이 변제기가 도래하여야 한다.
④ 점유
유치권자는 목적 부동산을 적법하게 점유를 유지하고 있어야 한다.
⑤ 특약
유치권 발생에 관하여 배제 특약이 없어야 한다.

제3편
부동산경매 기본이론

5. 유치권의 효과

유치권자는 목적물 인도를 거절할 수 있는 권리를 갖는다. 즉, 유치권자는 누구에게나 채권의 변제를 다 받을 때까지 인도를 거절할 수 있는 권리를 갖는다. 유치권은 등기사항전부증명서에 등기하는 권리도 아니고 경매배당 시 우선변제 받을 수 있는 권리도 아니다. 다만 인도를 거절할 수 있는 권리이므로 채권의 변제를 다 받을 때까지 점유를 이전해주지 않음으로써 소유자나 소유권 이전을 받은 낙찰자에게 미변제채권을 변제받는 것이 권리의 목적이다.

6. 유치권 깨뜨리기

경매정보지를 접하다 보면 좀 쓸만하다 싶은 물건은 유치권신고가 되어있는 경우가 허다하다. 왠지 두렵고 귀찮아서 패스하다 보면 응찰할 물건이 많지 않다. 그만큼 경매물건에 유치권 신고된 것이 많다는 이야기이다.

경매가 대중화된 지금에서는 더이상 유치권이 어렵고 귀찮아서 패스하는 일이 없어야 하겠다. 그리고 유치권은 귀찮고 불편한 대상이지 접근 불가능한 권리가 아니다. 또한, 어려운 것이 큰 수익을 남기기 때문에 적극적으로 접근해야 함이 마땅하다.
자 그러면 어떻게 하면 유치권을 깨뜨리고 경매에서 수익을 남길 것인가.

어렵지 않다.
유치권의 성립요건을 뒤집어 보면 답이 보인다.
유치권의 성립요건 중 하나만이라도 성립되지 않으면 유치권은 성립되지 않는다.

① 타인물건
발생한 채권이 타인의 물건이어야 하는데 웃을지 모르겠지만 경매대상 매각물건의 소유자가 유치권신고를 하는 경우를 의외로 종종 보게 된다. 입찰자의 입장에서는 감사한 일이니 눈을 크게 한번 뜨고 살펴보시길 바란다.

② 견련관계
경매대상 목적물로 직접 발생한 채권이어야 함에도 불구하고 다수의 신고된 유치권을 살펴보면 채권발생이 전혀 경매매각부동산과 직접적인 견련관계가 없는 것이 많다. 예를 들면 임차인이 주장하는 권리금이나 임차보증금, 공사자재 납품비용, 관리사무소에서 주장하는 체납관리비 등은 직접적인 견련관계가 없으므로 유치권이 성립되지 않는다.

③ 변제기 도래
채권에 대한 변제기가 도래하여야 유치권을 주장할 수 있다. 채권에 대한 변제기란 돈 받을 시점이 지나야 한다는 말이다. 예를 들어 건축공사 도급계약서에 층별 공정이 완료되면 당해 공사대금을 지급하기로 약정되었는데 층별 공정이 완료되지 못

한 상태에서 자금 부족이나 여러 가지 이유로 공사를 중단되면 서 유치권을 주장하는 경우가 더러 있다. 건축공사채권으로 신고한 유치권의 경우 건축공사 도급계약서를 꼼꼼히 살펴보면 문제해결에 상당한 도움이 될 것이다.

④ 점유

유치권자는 경매개시결정등기 전부터 점유를 시작하여야 하고, 유치권을 해결할 때까지 지속적으로 점유를 유지하고 있어야 한다. 또한, 점유는 합법적으로 하여야 한다. 신고된 대부분 유치권에 대하여 조사를 해보면 경매개시결정 이후에야 부랴부랴 점유를 시작하고 유치권행사를 하고 있는 것을 발견할 수 있다. 집행관현황조사나 감정평가서만 유심히 살펴보아도 미점유를 추정할 수 있다.

⑤ 특약

유치권은 강행규정이 아닌 임의규정이므로 유치권을 배제하는 특약이 없어야 한다. 예를 들면 건축공사 도급계약의 경우 도급자인 건축주가 우월한 지위에 있기 때문에 수급자인 공사업자에게 공사도급계약서 특약에 유치권을 배제하기로 하는 경우가 많다. 이러한 경우 공사도급업자는 공사대금이 미변제되더라도 유치권을 주장할 수 없다.

대출을 받기 위해 금융권에 제출한 유치권포기각서는 신의칙에 위반되어 효력이 없다고 법원은 판시하고 있다. 유치권 포기각서가 금융권 대출을 전제로 한 것으로 무효라고 주장하고 있으나 유치권 포기약정은 유치권의 성립으로 인한 근저당 목적물의 저가 낙찰을 방지하기 위한 것이므로 근저당권자뿐만 아니라 낙찰자에 대하여도 그 효력이 미친다고 할 것이어서 유치권 주장은 받아들일 수 없다. (대구지방법원 2008나16170호)

유치권 포기에도 불구하고 피고가 원고에 대하여 유치권을 주장하는 것이 허용되는지 살피건대, 근저당권을 설정받으려는 은행이 담보로 제공된 이 사건 건물에 대한 담보가치를 조사할 당시 피고가 유치권을 주장하지 않겠다는 취지의 각서를 작성하여 주었다면, 이는 단순히 은행에 대하여서만 유치권을 행사하지 않겠다는 것으로 볼 수 없으며, 피고는 그 담보권의 실행으로 인한 경매절차에서 이 사건 건물을 낙찰받은 원고에게도 유치권으로 대항할 수 없다. 이는 그러한 유치권 주장이 금반언 및 신의칙에 위반될 뿐만 아니라, 그렇지 않고 낙찰자에게 유치권을 행사하는 것이 허용된다면, 입찰참가자로서는 이를 감안하여 낮은 가격으로 입찰할 수밖에 없고, 이는 결국 그만큼 담보가치가 하락하게 되는 것을 의미하게 되어, 위 각서를 믿고 이 사건 건물의 담보가치를 높게 평가하여 대출을 실시한 근저당권자의 신뢰에 반하는 결과가 되기 때문이다. (수원지방법원 2009가단5267)

또 하나의 예로 임대차계약서 특약 부분에 "임차인은 임대차계약이 만료되면 임차인이 설치한 시설을 원상복귀하기로 한다" 고 계약서에 명기하면 유치권을 포기한 것으로 간주 되어 유치권을 주장할 수 없다.

7. 유치권 해결기준

다양한 유치권 사례를 그러면 어떻게 해결할 것인가?
그것도 어렵지 않다.

민법은 유치권의 개념 및 성립요건 그리고 성립효과에 관하여 선언적인 규정을 하고 있다. 그것만으로 실무상 유치권을 해결하기에는 무리가 있다.

유치권에 관한 많은 소송자료가 축적되어 있으므로 실무상 **유치권을 해결하는 기준은 대법원판례를 참고하면 유용하다**. 그러나 대법원판례가 모든 사례를 일률적으로 적용되는 것이 아님을 유의해야 한다. 대법원판례를 해석하는데 바른 자세는 시간과 장소에 따라 판례의 적용이 달라질 수 있으므로 판례가 제시하는 함의적인 의미를 파악하고 유연성 있게 활용하면 좋을 것이다.

8. 유치권 성립과 불성립사례

성립요건	유치권 주장내용	성립	불성립
주 체	소유자가 신고한 공사대금채권		○
	임차인이 신고한 영업 인테리어시설 공사		○
	공사업자가 신고한 영업 인테리어시설 공사	○	
	하수급업자가 주장하는 공사대금채권	○	
견련관계	건축공사대금 채권, 지체보상금 채권	○	
	건축공사와 일체로 이루어진 토목공사 채권		○
	건축공사와 별도로 계약체결된 토목공사 채권	○	
	건물철거공사대금으로 토지소유자에게 주장		○
	설계비 및 감리비 용역채권, 물품대금		○
	상가권리금, 임대차보증금 반환청구권		○
	사회 통념상 미완성 건축물로서 토지의 정착물		○
점 유	경매개시결정등기 이후 점유		○
	경비업체 등 타인을 통한 간접점유	○	
	채무자를 통한 간접점유		○
	집행관현황조사 당시 미점유		○
	소유자나 채무자의 동의 없이 임대한 경우		○
	채무자와 유치권자의 공동점유	○	
배제특약	임대차계약서에 임대차만료시에 원상복구 약정		○
	공사도급계약서에 유치권포기 각서		○
기 타	공사채권의 소멸시효(3년) 도과		○
	법정지상권이 성립하지 않은 건물 유치권 행사		○

■■ 법정지상권

1. 개념

지상권은 타인의 토지에 자기의 건물 기타 공작물이나 수목을 소유하기 위하여 그 토지를 사용할 수 있는 권리이다.

법정지상권은 토지와 그 지상 건물(또는 입목)이 동일인에게 속하고 있었으나 저당권 실행을 위한 경매로 인하여 각각 소유자를 달리하게 된 때 그 건물 또는 입목의 소유자에게 법률의 규정으로 당연히 인정되는 지상권을 말한다.

2. 제도적 인정이유

우리나라는 외국과 달리 토지와 건물을 별개의 부동산으로 보는 법제이므로 동일 소유자에게 속하더라도 별도로 저당권의 목적이 될 수 있고 양자의 소유가 달라지는 경우가 생길 수 있다.

이는 미리 그 지상 건물이나 입목을 위한 지상권을 설정할 수 없는 경우에 법률상 당연히 토지의 사용을 확보에 줌으로써 독립된 부동산으로 되어있는 건물이나, 입목의 이용이나 존립을 보호하는 기능을 수행한다.

법정지상권은 건물의 존립을 위한 토지이용권 확보와 저당권의 가치권과의 조화를 도모하기 위하여 마련한 제도이며 그 중심적 목적은 개인적·사회적·국가적 자산인 건물 등의 철거·파괴를 방지하는 데 있다.

3. 법정지상권의 유형

① 저당권실행에 의한 법정지상권(민법 제366조)
② 전세권보호를 위한 법정지상권(민법 제305조)
③ 가등기담보권의 실행에 의한 법정지상권(가등기담보법 제10)
④ 입목에 관한 법률에 의한 법정지상권(입목법 제6조)
⑤ 관습법상의 법정지상권
⑥ 분묘기지권

이하에서는 민법 제366조의 법정지상권과 판례로 성립한 관습법상의 법정지상권을 중심으로 살펴보기로 한다.

4. 저당권 실행에 의한 법정지상권(민법 제366조)

(1) 의의

토지와 그 지상의 건물이 동일인 소유였으나, 저당물의 경매로 인하여 토지와 그 지상건물이 다른 소유자에 속한 경우에는 토지소유자는 건물소유자에 대하여 지상권을 설정한 것으로 본다.

(2) 성립요건

① 저당권설정 당시 목적 토지 위에 건물이 존재하여야 한다.
② 저당권설정 당시 이미 건물이 건축 중인 경우 법정지상권이 성립한 것으로 본다.
③ 저당권설정 당시 존재했던 건물이 후에 증축되거나 개축된 경우는 물론이고, 건물을 멸실 또는 철거 후 재축 또는 신축된 경우에도 원칙적으로 법정지상권은 성립한다.
④ 저당권설정 당시 토지와 건물에 대한 소유권이 동일인에 속하여야 한다.
⑤ 저당권의 설정이 있어야 한다. 토지와 건물 어느 한쪽 또는 두 쪽에 저당권이 설정되어 있어야 한다.
⑥ 저당권실행을 위한 경매로 토지와 건물의 소유자가 달라져야 한다.
이때의 경매는 담보권실행을 위한 임의경매이며, 이와는 달리 강제경매로 인한 경우에는 관습상의 법정지상권이 성립한다.

(3) 효과

① 지상권의 범위는 건물의 대지는 물론 건물 이용의 필요 한도 내에서 대지 외의 부분까지도 미친다.
② 지료는 먼저 당사자가 협의하고, 협의가 이루어지지 않으면 당사자의 청구에 의하여 법원이 결정한다.
③ 민법 제366조는 강행규정으로 당사자의 특약으로 법정지상

권의 성립을 막을 수는 없다.

5. 관습법상의 법정지상권

(1) 의의
동일인에게 속하였던 토지와 건물 중 어느 일방이 매매 기타 일정 원인에 의해 각각 소유자를 달리하게 된 때에 그 건물을 철거한다는 특약이 없으면 건물소유자가 당연히 취득하게 되는 법정지상권이다.

이것은 민법에서 규정하고 있는 법정지상권과는 달리 판례에 의하여 인정된 법정지상권이다. 토지 또는 건물 중의 어느 일방에 제한물권(전세권이나 저당권)의 존재를 전제하지 않는 점에서 통상의 법정지상권과는 다르다.

(2) 성립요건
① 토지와 건물이 동일인의 소유에 속할 것
② 토지나 건물 중 일방이 매매, 강제경매, 국세징수법에 의한 공매, 증여, 공유물분할, 상속, 증여 등의 원인으로 처분되어 토지와 건물의 소유자를 달리할 것
③ 건물철거의 특약이 없을 것

(3) 효과
이러한 요건에 해당된 법정지상권은 관습법상 당연히 성립되므

로 등기를 요하지 않는다. 또한, 그 효력은 건물 이용에 적당한 범위에 미치고 지료는 당사자 간의 협약에 의해 정해지며 존속기간은 기간의 약정이 없는 경우의 예에 의한다.

6. 법정지상권 분석방법

유치권분석은 현장조사를 중요시하나, 법정지상권의 성립 여부에 대한 분석은 대부분 등기사항전부증명서나 건축물관리대장 등 서류분석으로 가능하다.

최초 저당권설정시점에 건물이 존재하지 않았다면 건물을 위한 토지의 사용에 대한 법정지상권이 성립되지 않으므로 건물의 존재여부에 대한 확인을 하면 된다.

건물의 존재여부에 대한 확인은 건축물관리대장, 무허가건축물대장, 건축허가서, 착공 및 준공일자 확인, 등기사항전부증명서 등을 통하여 개괄적인 확인이 가능하다.

7. 논점별 법정지상권 분석

(1) 법정지상권 존속기간
① 존속기간을 정하여 등기한 경우(민법 제280조 존속기간을 약정한 지상권)

민법상 지상권 존속기간이 최단기간으로 하여 설정한 기간을 존속기간으로 한다.
② 존속기간을 정하지 않은 경우
기간의 정함이 없으므로 민법상 지상권의 최단기간이 존속기간이다.
석조, 석회조, 연화조, 견고한 건물, 수목은 30년, 보통의 건물은 15년, 건물 이외의 공작물의 소유를 목적으로 하는 때에는 5년이다.(민법 제281조(존속기간을 약정하지 아니한 지상권))

(2) 지료의 결정
지료는 당사자가 협의 한 대로 하되, 협의가 되지 않으면 지료청구소송을 통해 법원의 결정에 따른다. 지상권자가 2년 이상의 지료를 지급하지 아니한 때는 지상권설정자는 지상권의 소멸을 청구할 수 있다.(민법 제287조(지상권소멸청구권))

(3) 법정지상권이 성립 후 증축 또는 개축
법정지상권이 성립된 후 증축이 되거나 개축이 되어도 법정지상권이 성립되나 새로운 건물의 법정지상권에 대한 존속기간과 성립범위는 구건물을 기준으로 성립된다.

(4) 건축 중인 건물
경매로 나온 토지를 낙찰받으려고 할 때 지상에 건물이 건축 중인 경우가 있다. 이러한 건물이 토지 낙찰자의 입장에서 법정지상권이 성립되는지가 매우 궁금하다.

대법원판례에 의하면 사회관념상 독립된 건물로 볼 수 있는 정도에 이르지 않았다 하더라도 건물의 규모, 종류가 외형상 예상할 수 있는 정도까지 공사가 진행되고 매수인이 매각대금을 납부할 때까지 최소한의 기둥과 지붕, 주벽이 이루어지는 정도의 건축이 되었다면 법정지상권이 성립된다고 한다. (대법원 2003다29043판결)

(5) 공동저당권 설정 당시 존재했던 건물을 멸실 후 신축

이러한 경우 법정지상권이 성립하지 않는다. 왜냐하면, 처음부터 지상 건물로 인하여 토지의 이용이 제한받는 것을 용인하고 토지에 대하여만 저당권을 설정하여 법정지상권의 가치만큼 토지의 교환가치를 담보취득한 경우와 달리 공동저당권자는 토지 및 건물 각각의 교환가치를 찾을 수 있기 때문이다.

(6) 무허가건물, 미등기건물

법정지상권이 성립된다.
단 미등기건물을 그 대지와 함께 매수한 사람이 그 대지에 관하여만 소유권이전등기를 넘겨받고 건물에 대하여는 그 등기를 이전받지 못하고 있다가 대지에 대하여 저당권을 설정하고 그 저당권의 실행으로 대지가 경매되어 다른 사람의 소유로 된 경우에는 그 저당권의 설정 당시에 이미 대지와 건물이 각각 다른 사람의 소유에 속하고 있으므로 법정지상권이 성립되지 않는다.

(7) 토지 근저당권자의 건축 동의

토지 근저당권자의 건축 동의를 얻었다 할지라도 저당권설정 당시 건물이 존재하지 않았다면 법정지상권은 성립되지 않는다.

그러한 동의는 주관적인 사항이고 공시할 수도 없는 것이어서 토지를 낙찰 받은 제3자로서는 알 수 없는 것이므로 법정지상권의 성립을 인정한다면 토지소유권을 취득하려는 제3자의 법적안정성을 해하는 등 법률관계가 매우 불명확하게 되므로 법정지상권이 성립되지 않는다.

(8) 비닐하우스, 컨테이너

비닐하우스는 일반적으로 법정지상권이 성립되지 않는다. 하지만 요즈음에는 기술이 발달하여 견고한 건축물과 비슷한 정도의 고정식비닐하우스가 건축되어 있는 경우 법정지상권이 성립될 수 있다.

컨테이너는 이동이 가능한지에 따라 결과가 달라진다. 이동이 가능한 것은 법정지상권이 성립되지 않으나, 바퀴 없이 고정이 가능한 컨테이너는 법정지상권이 성립될 수 있으므로 가설건축물로 해당 관청에 신고사항이므로 해당 관청에 문의해보면 알 수 있다.

(9) 건축중단 건물 경매에서 법정지상권과 유치권

경매물건을 검색하다 보면 토지만 경매로 나왔는데 그 지상에 건축 중단 건물이 있는 경우가 있다. 대개는 토지의 최저입찰가가 많이 저감되어 있는 상태이다. 이는 토지 낙찰 후 건물의 처리방법이 어렵기 때문이다.

어려운 곳에 고수익이 있다는 말이 여기 또한 적용이 된다. 문제가 되는 것이 토지 낙찰자입장에서는 건물에 대한 법정지상권이 성립된다면 어떻게 해야 하는지, 법정지상권이 성립되지 않는다면 어떻게 해야 되는지, 건물에 대한 유치권자를 어떻게 처리해야 되는지 등이다.

첫째로 법정지상권이 성립된다면 지료를 청구할 수 있을 뿐이고 건물에 대하여 철거를 청구할 수 없다. 그러나 건물에 유치권은 토지 낙찰자에 대하여 대항할 수 없다.

둘째로 법정지상권이 성립되지 않는다면 건물철거 및 토지인도 소송을 통해 건물을 철거하면 되고, 유치권은 성립되지 않는다. 실무에서는 철거소송에서 낙찰자가 이기게 된다면 건물을 저렴한 가격에 매수하거나 토지를 시장가격에 매도하는 경우가 대부분이다.

셋째, 법정지상권이 성립되지 않는다 하더라도 지상 건물에 이미 입주해서 살고 있는 경우 처리 문제가 쉽지 않아 보인다. 이러한 경우 실제 경매사건의 재판 결과를 보면 집합건물의 경우 집합건물의 구분소유자로부터 토지지분에 대하여 매수하라는 판결이 나왔다.

결과적으로 법정지상권이 성립되지 않은 건물이 소재하는 토지만을 낙찰받은 토지낙찰자의 입장에서 보면 법정지상권이 성립되지 않는 지상건물이 소재하는 토지만을 싼 가격에 낙찰받아 다시 현재가치를 반영하여 감정평가한 가격에 매도하여 큰 시세차익을 얻는 경우이다.

8. 법정지상권 처리방법

(1) 법정지상권 성립시
법정지상권이 성립되는 건물이 있는 토지만을 경매로 낙찰받았을 때는 건물에 대하여 지료 만을 청구할 수 있을 뿐이다. 다만 건물은 종류에 따라 존속기간 동안 지료를 내고 사용할 권리를 갖는다. 또한, 건물의 소유자가 지료를 2년 이상 납부하지 않을 시는 지료청구권을 원인으로 건물에 가압류한 후 지상권소멸청구 및 지료청구소송을 통해 경매신청을 하여 건물을 낙찰받을 수 있다.

(2) 법정지상권 불성립시
법정지상권이 성립되지 않는 건물이 있는 토지를 낙찰받았을 때는 건물철거 및 토지 인도 및 지료청구소송을 통해 건물을 철거하거나 지료연체를 이유로 건물을 경매신청을 하여 건물을 낙찰받으면 된다.

9. 법정지상권 성립과 불성립사례

내 용	성 립	불성립
저당권설정 후 건물을 신축한 경우		○
저당권설정 당시 토지와 건물의 소유자가 다른 경우		○
토지의 사용승낙을 받고 건물을 신축한 경우		○
저당권설정 당시 존재하던 건물을 멸실 후 신축한 경우	○	
공동 저당권설정 후 건물을 철거한 후 신축한 경우		○
법정지상권이 성립된 건물이 낙찰된 경우	○	
법정지상권이 성립된 건물에 토지가 양도된 경우	○	
토지 또는 건물이 매매에 의해 양도, 건물철거의 특약이 없는 경우	○	
저당권설정이 없는 토지와 건물이 경매로 소유자가 달라진 경우	○	
법정지상권을 취득한 자가 임대차계약을 체결한 경우		○
공유토지 위에 건물을 소유하고 있는 토지공유자 중 1인만 토지지분을 전매한 경우		○
저당 목적물인 토지에 법정지상권을 배제하는 특약	○	
토지에 저당권설정 당시 그 지상에 건물이 토지 소유자에 의하여 건축 중이었고, 그 건물의 규모, 종류가 외형상 예상할 수 있을 정도로 진전된 경유	○	
토지를 매수하여 사실상 처분권한을 가지는 자가 건물을 신축한 후 그 건물이 강제경매된 경우		○
관습법상 법정지상권이 성립한 이후 증축한 건물	○	
미등기건물을 대지와 함께 양수한 자가 대지에 대하여만 소유권이전등기 한 상태로 대지만 경매		○
관습법상 법정지상권이 성립한 건물의 양수인이 소유권이전등기를 하지 않은 채로 건물의 소유권을 취득한 경우		○

■■ 제시 외 물건

1. 개념

경매물건을 검색하다 보면 흔히 제시 외, 매각 외 등의 표현을 자주 접하게 된다.

경매정보지에 "제시 외 건물 20㎡(창고)"라고 표기된 경우가 있다. 이러한 "제시 외 건물"은 공부상 소재하지 않는데 현황은 존재하고 있는 건물을 말한다.

경매신청채권자의 경매신청목적물에는 해당 물건이 없는데 감정평가사가 실제로 감정을 한 결과 현장에서 발견된 물건으로 주로 부동산등기상 표시와는 달리 무허가이거나 사용승인 미필의 증·개축 된 부분이나 부합물, 종물을 일컬어 경매 실무상 흔히 "제시 외 물건"이라고 말한다.

"제시 외 물건"이라는 용어는 법률용어라기 보다는 감정평가에 사용되는 것이다.

2. 실무사례

예를 들어 저당권을 설정할 때에는 주택 외에 아무 물건도 없

없는데 경매개시결정이후 감정평가사가 경매목적물 감정을 하려고 현장에 나가보니 등기부상에 없었던 새로운 "창고"가 있었다면 이를 "제시 외 건물"이라고 표기하는 것이다. 별도로 떨어져 있는 작은 창고, 작은 화장실, 옥탑방, 미등기건물(무허가건물 포함), 증축된 미등기건물 등이 있다.

3. 매각대상에 포함 여부의 판단

이러한 "제시 외 물건"에 대하여 매각으로 취득하였는지 여부에 대한 문제는 민법 제358조(저당권의 효력의 범위)에 관한 규정으로 해결하면 된다. 즉, 저당권의 효력이 미치는 부합물과 종물의 판단기준에서 가려지게 될 것이다.

매각물건명세서에 기재되지 아니하였어도 부합물, 종물이 되면 매각대상에 포함될 수 있다. 그러나 감정평가사가 제시 외 건물을 감정평가에 포함하였다 하였더라도 법원이 판단하여 부합물도 아니고 종물도 아니며 일괄경매 결정도 하지 아니하는 경우에는 경매목적물에서 제외되어 경매 외, 매각 외 등으로 표시하게 된다. 또한, 경매법원이 부합물, 종물이 아님에도 불구하고 부합물, 종물로 이해하고 함께 매각하였다면 그 후에 이해관계자들이 매각허가결정이 위법하다고 하여 취소 신청하여 취소될 수 있다.

4. 저당권의 효력범위

민법 제358조(저당권의 효력의 범위) 저당권의 효력은 저당부동산에 부합된 물건과 종물에 미친다. 그러나 법률에 특별한 규정 또는 설정행위에 다른 약정이 있으면 그러하지 아니하다.

민법 제358조 규정에 따라서 부합물이나 종물인 제시 외 건물은 주된 토지 및 건물과 함께 저당권의 효력이 미치는 것이 원칙이고, 이는 제시 외 건물이 저당권설정 당시부터 있었던 경우는 물론이고 저당권설정 이후에 새로이 부합하거나 종물이 된 경우에도 효력이 미친다고 대법원은 판시하였다.

다만 예외가 있다. 임차인 등 타인의 권원에 의하여 부속된 것과 당사자들끼리 저당의 효력이 미치지 않기로 약정한 것들은 저당권의 효력이 미치지 않는다(대법원 선고 85다카246 판결).

5. 부합물

(1) 개념

민법 제256조(부동산에의 부합) 부동산의 소유자는 그 부동산에 부합한 물건의 소유권을 취득한다. 그러나 타인의 권원에 의하여 부속된 것은 그러하지 아니하다.

부합물이란 토지 또는 주된 건물과는 별개의 건물이지만 토지 또는 주된 건물에 결합하여 거래 관념상 그 부동산과 하나의 물건이 됨으로써 토지 또는 주된 건물의 소유자에 속하는 건물을 말한다.

부합되는 주물은 토지, 건물 등의 부동산이어야 한다. 부동산에 부합하는 물건은 동산에 한정된다는 것이 지배적 견해이나, 판례는 부동산도 포함된다고 본다.

동산과 동산이 부합한 경우에는 동산의 주종을 구별할 수 있을 때는 주된 동산의 소유자가 소유권을 취득하며, 동산의 주종을 구별할 수 없을 때는 각 동산의 소유자는 부합 당시의 가액의 비율로 합성물을 공유한다(민법 제257조).
주건물에 분리해서는 독립된 건물로서의 가치가 없고 주 건물의 사용편익에 제공될 뿐이면 부합물이다.

(2) 요건
① 부동산과 부동산, 부동산과 동산, 동산과 동산의 형태이다.
② 부합의 정도는 부합물을 훼손하거나 또는 과다한 비용을 지출하지 아니하고는 분리할 수 없을 정도로 부착 합체되어야 한다.
③ 부합의 방법은 인공적이든 자연적이든 상관없다.

(3) 판단
제시 외 건물이 부합물인지의 여부는 건물의 물리적 구조나 용도, 기능 및 거래의 관점에서 사회적, 경제적으로 볼 때 그 자체로서는 구조상 건물로서의 독립성이 없고, 종전의 건물과 일체로서만 거래의 대상이 되는 상태인지 아울러 소유자의 의사 등을 종합하여 판단한다고 판시했다.

요컨대 주건물에 분리해서는 독립된 건물로서의 가치가 없고 주 건물의 사용편익에 제공될 뿐이면 부합물이다.

(4) 대법원판례

① 타인의 권원 : 토지상에 타인의 권원 즉 지상권, 전세권, 임차권 등에 의하여 부속된 건물이나 수목이 식재되어 있는 경우 부속된 건물이 어느 정도 독립성이 있는 경우 부합물로서 평가의 대상이 되지 않는다.

② 수목이 부합물인지 : 수목이 입목에 관한 법률에 따라 등기된 입목과 명인방법을 갖춘 수목이 아닌 한 부합물의 평가대상이 된다. 또한, 제3자가 권원 없이 수목을 식재한 경우에도 미등기 수목은 토지에 부합되어 토지 낙찰자 소유가 된다.

③ 농작물이 부합물인지 : 농작물인 경우 농작물을 경작한 자가 권원여부와 관계없이 농작물의 소유자가 된다.

④ 교량, 돌담, 도로의 포장, 논둑은 부합물로 평가의 대상이 된다.

⑤ 태양열 보일러 : 쉽게 분리가 어려워 부합물로 본다.

⑥ 유류저장탱크, 주유기 : 주유소 땅속에 부설된 유류저장탱크는 주유소의 부합물로 본다. 주유기는 주된 건물의 종물이다.

⑦ 권원 없는 타인의 증축물 : 권원 없이 타인의 건축물에 증

축 또는 개축되는 경우 그 부분이 독립된 구분소유권의 객체로 거래될 수 없는 것일 때 기존 건물에 부합한다.

⑧ 타인의 권원 : 저당권의 효력이 부합물에 미친다는 원칙에 대한 예외

첫째, 설정계약에 의하여 저당권의 효력이 부합물에 미치지 않는다고 당사자가 약정한 경우

둘째, 타인의 권원에 의하여 부합한 물건인 경우에는 그 부합물에는 저당권의 효력이 미치지 않는다. 즉 임차인, 전세권자 등이 소유자의 동의를 얻어 증·개축 부분은 타인의 권원에 의하여 부합된 것에 해당되어 그 증·개축부분은 임차인 등의 소유가 된다. 그러나 물권의 목적물은 독립성을 가질 것이 요구되므로 그 증·개축 부분이 경제적으로 보아서 독립성을 가지지 않은 때에는 건물소유자의 소유가 되어 당연히 저당권의 효력이 미친다.

6. 종물

(1) 개념

민법 제100조(주물, 종물) ①물건의 소유자가 그 물건의 상용에 공하기 위하여 자기 소유인 다른 물건을 이에 부속하게 한 때에는 그 부속물은 종물이다. ②종물은 주물의 처분에 따른다.

경매물건의 매각에 있어서 그 건물의 종물도 매각대상이 되어

평가대상이 될 수 있고 매수인에게 소유권이 이전된다.

(2) 사례
종물은 주물의 일상적인 이용에 이바지하는 관계로 이는 주물 그 자체의 경제적 효용을 다하는 것으로 이에 대한 예로 주택과 본체에서 떨어진 창고나 방, 화장실 등이 있다.

(3) 요건
① 종물은 사회 통념상 계속하여 주물의 효용에 이바지하여야 한다.
② 종물은 주물과 장소적으로 부속된다고 인정되어야 한다.
③ 주물과 종물 다 같이 독립된 물건으로 인정되어야 한다.
④ 주물과 종물 다 같이 동일의 소유자에 속하여야 한다.
⑤ 종물은 주물의 소유자가 부속시켰음을 요하지는 않는다.
⑥ 부동산과 부동산, 부동산과 동산, 동산과 부동산, 동산과 동산 형태 모두 가능하다.

(4) 효과
종물은 감정평가가격에 포함되어 있지 않았더라도 주물이 낙찰되면 주물과 함께 낙찰된다.

(5) 대법원판례
① 종물도 경매대상
부동산의 종물은 주물의 처분에 따르고 저당권은 그 목적부동

산의 종물에 대하여도 그 효력이 미치기 때문에 이러한 물건도 목적부동산과 함께 경매의 대상이 되므로 낙찰자의 소유에 귀속하게 된다.

② 동일 지번만으로 종물이 아님
부동산의 종물 중 동산인 것은 보일러시설, 지하수펌프, 주유소의 주유기, 농지에 부속한 양수시설 등이 있으며, 부동산인 것은 별동으로 되어있거나 동일 지번상에 건축되어있는 경우라도 당연히 종물이라 볼 수 없고 그 독립성이 인정되지 않는 경우에 한하여 종물로 볼 수 있을 것이다.

경매목적 건물과는 별개 건물로서 그것이 단순히 경매목적물과 동일 지번상에 건립되어 있다는 것만으로서 그의 종물이거나, 부속건물이라고 볼 수 없으므로, 이를 이사건 피담보채권의 저당목적물이라 할 수 없다고 판시하였는바, 위 양 건물이 가옥대장상에 경매목적 건물의 부속건물이라 기재되어 있다고 하여 그것을 곧 그 건물에 부합되었다거나 종물로서 저당권의 효력이 미칠 건물이었다고 단정할 수 없다.

③ 구분건물의 대지사용권
구분건물의 대지사용권은 비록 미등기일지라도 전유부분과 종속적 일체 불가분성이 인정되어 전유부분에 대한 경매개시결정과 압류의 효력이 당연히 종물 내지 종된 권리인 대지사용권에도 미친다.

④ 전유부분에 설정된 전세권
전유부분에 설정된 전세권의 효력 역시 종된 권리인 대지권에도 미쳐 배당 시 토지 및 건물매각 대금 전부에 대하여서도 우선변제권을 주장할 수 있다.

⑤ 압류의 효력
압류의 효력은 종물에도 미치므로 종물도 평가의 대상이 된다. 압류 후나 저당권설정 후의 종물도 평가의 대상이 된다. 종물이 평가의 대상이 된다고 하더라도 반드시 목전 부동산과 별도로 산출할 필요는 없다. 그러나 고가의 종물은 독립하여 평가하여야 한다.

⑥ 종물의 조건
어느 건물이 주된 건물의 종물이 되기 위해서는 주된 건물의 경제적 효용을 보조하기 위하여 계속적으로 이바지 되어야 하는 관계가 있어야 한다.

⑦ 독립된 건물
경매법원이 기존 건물의 종물이라거나 부합된 부속건물이라고 볼 수 없는 건물에 대하여 경매신청된 기존 건물의 부합물이나 종물로 보고서 경매를 같이 진행하여 매각허가를 하였다 하더라도 그 독립된 건물에 대한 경락은 당연무효이고 따라서 그 경락인은 위 독립된 건물에 대한 소유권을 취득할 수 없다.

(6) 관련 법조문

① 민법 제98조(물건의 정의) 본법에서 물건이라 함은 유체물 및 전기 기타 관리할 수 있는 자연력을 말한다.

② 민법 제99조(동산, 부동산) ①토지 및 그 정착물은 부동산이다. ②부동산 이외의 물건은 동산이다.

③ 민법 제100조(주물, 종물) ①물건의 소유자가 그 물건의 상용에 공하기 위하여 자기소유인 다른 물건을 이에 부속하게 한 때에는 그 부속물은 종물이다. ②종물은 주물의 처분에 따른다.

④ 민법 제256조(부동산에의 부합) 부동산의 소유자는 그 부동산에 부합한 물건의 소유권을 취득한다. 그러나 타인의 권원에 의하여 부속된 것은 그러하지 아니하다.

⑤ 민법 제257조(동산강의 부합) 동산과 동산이 부합하여 훼손하지 아니하면 분리할 수 없거나 그 분리에 과다한 비용을 요할 경우에는 그 합성물의 소유권은 주된 동산의 소유자에게 속한다. 부합한 동산의 주종을 구별할 수 없는 때에는 동산의 소유자는 부합당시의 가액의 비율로 합성물을 공유한다.

⑥ 민법 제358조(저당권의 효력의 범위) 저당권의 효력은 저당부동산에 부합된 물건과 종물에 미친다. 그러나 법률에 특별한

규정 또는 설정행위에 다른 약정이 있으면 그러하지 아니하다.

⑦ 민법 제365조(저당지상의 건물에 대한 경매청구권) 토지를 목적으로 저당권을 설정한 후 그 설정자가 그 토지에 건물을 축조한 때에는 저당권자는 토지와 함께 그 건물에 대하여도 경매를 청구할 수 있다. 그러나 그 건물의 경매 대가에 대하여는 우선변제를 받을 수 없다.

⑧ 민법 제626조(임차인의 상환청구권) ①임차인이 임차물의 보존에 관한 필요비를 지출한 때에는 임대인에 대하여 그 상환을 청구할 수 있다. ②임차인이 유익비를 지출한 때 경우에는 임대인은 임대차 종료시에 그 가액의 증가가 현존한 때에 한하여 임차인의 지출한 금액이나 그 증가액을 상환하여야 한다. 이 경우에 법원은 임대인의 청구에 의하여 상당한 상환기간을 허여할 수 있다.

제3편
부동산경매 기본이론

■■ 권리분석 요약

구 분	내 용	
권리분석	의의 : 입찰 전에 등기사항전부증명서상의 권리, 등기부 외의 권리(유치권, 법정지상권, 임차권리) 등을 분석하여 낙찰 후에 낙찰자가 낙찰대금 외에 추가로 부담해야 할 권리나 금액이 있는지 미리 분석하는 일련의 행위	
	대상 : 등기사항전부증명서, 임차인의 권리, 법정지상권, 유치권, 제시 외 물건, 매각제외, 집합건물의 체납관리비, 기타	
	도구 : 민사집행법, 민법, 각종 법률, 예규, 판례	
말소기준권리	의의 : 매각되는 부동산 위의 권리들이 매수인과의 관계에서 말소되는지, 인수되는지 기준이 되는 권리	
	종류 : 저당권, 근저당권, 압류, 가압류, 담보가등기, 강제경매개시결정등기, 특정한 전세권 (7개)	
	말소 : 말소기준권리 자체는 모두 말소됨	
	기능 : 등기사항전부증명서상의 권리들의 말소 또는 인수의 기준 　　　 임차인의 보증금 인수여부의 기준 　　　 인도시 점유자의 인도명령대상인지의 기준	
말소기준권리 보다 선순위	원칙 : 인수	예외 : 말소, 저당권에 부수한 지상권 특정한 경우의 선순위가처분 특정한 경우의 선순위가등기
말소기준권리 보다 후순위	원칙 : 말소	예외 : 인수 토지소유권에 관한 가처분
항상 인수하는 권리	진정한 유치권, 법정지상권, 배당요구하지 않은 선순위 임차권·전세권 배당요구 하였으나 배당받지 못한 일부 선순위 임차보증금	
임대차권리 분석 유의사항	선순위임차인으로서 배당요구를 하였으나 확정일자가 없는 경우 선순위임차인으로서 배당요구를 하였으나 일부 배당받지 못한 금액은 인수 최우선변제권도 배당요구를 하여야 배당 최우선변제금액은 배당할 금액의 1/2범위 내에서 배당	
특수 권리분석	유치권, 법정지상권, 제시 외 물건, 지분물건, 선순위가처분, 선순위가등기, 체육시설회원권	

제5장 응찰가격 산정

01 개관
02 부동산 가격평가
03 인수금액 파악
04 제반 비용 계산
05 기본사례 예시

제3편
부동산경매 / 기본이론

제5장 응찰가격 산정

01 개관

권리분석 대한 공부를 어느 정도 마치고 입찰물건을 검색하여 자신에 맞는 경매물건을 찾는다면, 탁상에서 권리분석을 하고 권리분석으로 해결되지 않은 문제점들을 기록하여 둔다. 그다음은 임장활동을 통한 물건분석을 한다.

권리분석상의 문제점들을 임장활동을 하는 과정에서 구체적으로 확인하며 검토한다. 예를 들면 체납관리비가 얼마인지 관리사무소에서 확인하는 것, 유치권신고가 되어있는 경매물건에서는 유치권자가 실제로 점유를 하고 있는지, 유치권이 성립할 만한 대상이 있는지 등을 경매현장에서 직접 확인을 통하여 권리분석의 미비점들을 보완한다.

권리분석과 물건분석까지 마치고 나면 그를 토대로 수익분석을 마치고 본격적인 입찰 준비에 들어가게 된다.

첫째, 권리분석이다.
권리분석상의 문제점이 완전히 해소되었는지 점검해보고, 미비점이 있다면 여러 경로를 통하여 보완절차를 거쳐 마무리해야 할 것이다.

둘째, 물건분석이다.
임장활동을 통하여 파악해야 할 분분은 건물의 경우 일부라도 멸실된 부분이 있는지, 낙찰 후 수리할 부분이 있는지, 점유관계는 소유자 점유인지 임차인 점유인지, 권원 없는 자의 점유인지, 입지상태는 양호한지, 향후 개발 가능성이 있는지 등 부동산의 상태 및 가격형성에 영향을 미칠 요인들을 파악한다.

셋째, 수익분석이다.
부동산의 가격을 평가하는 감정평가방법은 주로 거래사례비교법, 수익법, 원가법이란 삼방식의 기법을 통하여 가격을 결정한다.

부동산의 가격평가는 부동산경매를 하면서 가장 어려운 점이며, 습득하는데 많은 시간과 노력이 필요한 부분이다. 문제는 법원경매부동산의 감정가격이 시장의 가격과 상당히 괴리된 경우가 있으므로 발품을 팔고 많은 정보를 취득하여 스스로 평가하는 것이 중요하다. 평가된 가격을 기준으로 어느 가격에 낙찰받아서 어느 정도의 비용을 지출하고, 어느 정도의 세금을 납부하면, 얼마만큼의 수익이 날지를 미리 계산해보아야 한다.

자 여기에서 중요한 과제는 얼마의 가격으로 낙찰받아야 하는지 그것이 문제이다.

제3편
부동산경매 기본이론

아파트 등 가격이 정형화되고 비교적 정보가 많이 공개된 부동산은 낙찰사례와 국토교통부 실거래가 등을 참고하면 응찰가격을 쉽게 계산할 수 있다. 그러나 토지나 빌딩 등의 경우 가격정보가 미약하고, 똑같은 규모의 부동산이 없고, 부동산별로 입지도 각기 다르기 때문에 낙찰사례분석만으로 응찰가격을 결정하는 것은 무리가 따른다.

따라서 나름의 응찰가격 산정방법이 있어야 한다고 본다.
권리분석과 물건분석 그리고 수익분석을 마치고 나면 과연 이 경매매각대상 부동산에 얼마의 가격으로 응찰하여야 하는 가는 경매입찰의 가장 중요한 고민 중의 하나일 것이다.

02 부동산 가격평가

경매매각부동산의 가격은 법원이 감정평가기관에 의뢰하여 가격을 결정한다. 그런데 이 가격은 시장가격과는 상당이 차이가 있는 경우가 있다.

예를 들면 아파트 등 가격이 정형화되고 공시된 것 들은 비교적 큰 차이가 없다. 그러나 토지와 상가의 경우 시세보다 지나치게 낮거나 높게 평가된 경우가 있다. 특히 개발예정지 등에 대한 가격평가는 수익에 큰 영향을 주는 경우가 있다.

부동산의 종목별로 가격평가시에 주의하여야 할 주요 특징을 살펴본다.

1. 공동주택

아파트, 다세대 등은 법원감정평가 가격과 시세가 큰 차이가 없는 편이다.

가격조사방법은 국토교통부 실거래가 조회, 각종 사이트 가격 조회, 최근 낙찰사례, 인근 부동산중개사무소 가격문의, 그중에서도 급매 매가를 참고하여 응찰가격을 정하면 경매로 취득하는 것이 시세보다 비싸게 사는 실수를 막을 수 있게 된다.

그러나 공동주택의 경우에도 채무자가 파산이나 회생절차를 거치거나 기타 재판상의 이유 등으로 경매개시일로부터 몇 년씩 지나서 입찰이 진행되는 경우가 있는데 이런 때는 감정평가가격과 시세가 많이 차이가 날 수 있으므로 시세파악에 좀 더 신경을 써야 할 것이다.

2. 상가

단독상가, 구분상가, 주상복합상가 등의 가격평가에 대한 법원감정평가서를 살펴보면 일단 토지와 건물로 나누고, 토지의 가격평가방법은 표준지를 설정하고 그 표준지의 가격은 공시지가를 기준으로 하여 지가변동율, 지역요인, 개별요인, 기타 거래가격 등을 참조하여 비교한 가격으로 결정한다.

건물의 가격평가방법은 복성식평가법을 기초로 하여 재조달원가를 산정하고, 감가수정하는 방법으로 한다. 즉, 토지의 가격과 건물의 가격을 평가하여 합산한다.

그런데 정작 법원의 감정평가서를 유심히 살펴보면 토지가격은 그렇다 치더라도 복합상가 건물의 가격이 3.3㎡당 2,000만원에서 3,000만원까지 가는 경우가 허다하다. 이는 미리 가격을 거래사례법으로 기준가격을 정해놓고 토지와 건물로 기계적으로 배분하다 보니 어처구니가 없는 결과가 나오는 듯하다. 어떻게 상가건물의 재조달원가가 3.3㎡당 2,000만원에서 3,000만원이 나올 수 있단 말인가? 이러한 문제점이 있으니 감정평가서에 있는 가격은 참조는 하되, 상가의 경우 거래사례비교법과 수익환원법을 통하여 연수익률을 계산해서 스스로 가격평가를 하여야 할 것이다.

3. 토지

법원의 토지에 대한 감정평가방법은 감정평가의 대상이 된 토지와 가치형성 요인이 같거나 비슷하여 유사한 이용가치를 지닌다고 인정되는 표준지의 공시지가를 기준으로 대상 토지의 현황에 맞게 시점수정, 지역요인 및 개별요인 비교, 그 밖의 요인 보정을 거쳐 대상 토지의 가액을 산정하는 공시지가준법을 일반적으로 적용하여 평가한다. 그러나 이는 일반적이며 상투적인 감정평가의 방법이며, 실제로 그 가격을 파악하는 것은 대상 경매토지의 실제 거래되는 가격을 조사하고, 그 토지의 이용 상황이나 개발 가능성 그리고 향후 가격상승요인 등을 검토하여 가격을 결정하는 것이 타당성이 있다.

4. 공장

법원의 공장에 대한 감정평가방법은 토지와 건물, 기계기구, 그리고 제시 외 건물 등으로 나누어 평가한다.

① 토지

공시지가를 기준으로 대상 토지의 가액을 산정하는 공시지가기준법으로 평가하되, 거래사례비교법에 의한 시산가액으로 정한다.

② 건물

대상 물건의 특성 등으로 인해 원가법으로 평가하되, 다른 평가방법이 필요하면 거래사례비교법에 의한 시산가액으로 정한다.

③ 제시 외 건물

구조, 사용자재, 시공정도, 설비상태 등을 종합적으로 참작하여 원가법으로 평가하되, 감가수정은 현상 및 관리상태를 감안하여 관찰감가법을 적용하며, 면적사정은 외부관찰에 의한 개략적 실측에 의한다.

④ 기계기구

연식, 내용연수, 관리상태를 고려하여 해제처분 가격으로 평가하기도 하고, 구조, 규격, 형식, 용량 및 관리상태 등을 종합적으로 고려하여 원가법으로 평가하되, 관찰감가법을 병행하여 평가하기도 한다.

기계기구의 평가에서 주의할 점은 다음과 같다.

첫째, 감정평가시 확인이 되지 않은 기계 등은 평가에서 제외하기도 한다.

둘째, 평가는 되었으나 낙찰받고 공장에 가보면 없는 기계기구 등이 아예 경우가 많다. 채무자나 채권자 등이 그동안 빼돌리는 경우가 있을 수 있다. 이때는 법원에 대금 감액을 청구하여 손실을 줄일 수 있다.

셋째, 기계기구는 낙찰자의 입장에서 사용가치나 처분가치에 대한 입찰 전에 목표가 있어야 한다. 즉 낙찰 후 사용할 것인지, 처분할 것인지 미리 계획에 고려하여야 한다는 점이다. 때로는 고철에 불과할 수 있기 때문이다.

03 인수금액 파악

인수금액은 제4장 권리분석에서 집중적으로 다루었고, 다루지 않은 부분만 기술하기로 한다.

권리분석의 핵심은 낙찰 후 낙찰자가 물어주어야 하는 즉 추가

비용이 발생하는 인수금액을 파악하는 것이다.
1. 대항력 있고 배당 요구하지 않은 선순위임차보증금
2. 배당요구를 하였으나 일부 배당받지 못한 선순위임차보증금
3. 배당요구하지 않은 선순위전세보증금
4. 유치권
5. 법정지상권
6. 체육시설에 있는 회원권
7. 말소되지 않는 가처분등기
8. 체납관리비
9. 입찰 외, 매각 외

입찰 외란 제시 외와 구별되는 개념이다.
제시 외는 당해 물건이 부합물이나 종물에 해당하여 감정평가에 포함 여부에 관계없이 경매로 낙찰받아 소유권을 취득할 수 있는 것이다.

이에 반하여 입찰 외 또는 매각 외란 경매매각대상에 처음부터 포함하지 않아 낙찰로 소유권을 취득할 수 없는 경우이다. 예를 들면 수목이나 부속건물이 입찰 외라 기재 되어있으면 소유권이 누구인지 불분명하거나 기타의 사유로 매각에서 제외하는 것이므로 낙찰자의 입장에서는 일단은 인수권리로 파악하는 것이 옳다고 본다. 왜냐하면, 낙찰 후 법적으로 해결하거나 협의로 해결하거나 추가적인 시간과 비용이 들어가기 때문이다.

10. 토지별도등기

제3편
부동산경매 기본이론

(1) 개념

토지별도등기란 토지에 건물과 다른 등기가 있다는 뜻으로 토지가 대지권으로 정리되기 전에 토지에 대하여 저당권이나 가압류, 지상권 등이 설정된 상태에서 대지권 등기가 되면 집합건물 등기부 표제부의 "대지권표시란"에 "토지별도등기 있음"을 공시하는 등기를 말한다. 집합부분의 건물의 표시 표제부 중 대지권의 표시에서 등기원인 및 기타사항란에 "별도등기 있음" 1토지(갑구1번, 가압류등기, 을구1번 근저당권설정등기)로 기재되어 있다.

(2) 집행법원의 처리

원칙적으로 경매낙찰로 소멸한다.
토지의 저당권자로 하여금 채권신고를 하게 하여 그 중 경매대상 구분건물의 대지권 비율만큼 토지 저당권을 말소시킨다. 토지저당권자는 건물의 매각대금에서는 우선변제를 받을 수 없다.
예외적으로 인수한다.
매각물건명세서의 비고란에 토지에 대한 별도등기를 매수인이 인수해야 한다는 특별매각조건을 붙이므로 이를 꼭 확인하여야 한다. 다만 배당시에는 토지별도등기 물건의 배당은 토지와 건물의 가격대비로 나눈 후 토지는 토지저당권자에게 전부 배당시킨다.

04 제반비용 계산

1. 인도비용

경매로 낙찰 후 잔금납부를 하고 나면 낙찰받은 물건을 인도받아야 하는데 협의가 이루어지지 않으면 부득이하게 강제집행을 하게 된다. 강제집행을 하는 데 필요로 하는 비용은 채무자가 부담하고, 그 집행에 의하여 우선적으로 변상을 받는다. 강제집행의 기본판결이 파기된 때에는 채권자는 그 집행비용을 채무자에게 변상하여야 한다.(민사집행법 제53조(집행비용의 부담)

채무자가 부담할 강제집행비용으로서 그 집행에 의하여 변상받지 못한 비용에 관하여는 채권자의 신청에 의하여 집행법원이 결정으로 그 금액을 정한다. 강제집행을 신청하는 때에 채권자는 강제집행에 필요한 비용으로 법원이 정하는 금액을 예납하여야 한다.

실무상 강제집행비용은 집행대상물건의 규모와 종류 등에 따라 다르지만 3.3㎡당 5~7만원선 내외이다.

2. 취득세 및 등기비용

부동산을 경매로 취득하여 소유권이전등기를 마치려면 취득세를 납부하여야 한다.

주택의 취득세율은 조정대상지역과 조정대상지역 외 지역으로 나누고 조정대상지역은 1주택은 1~3%, 2주택은 8%, 3주택 이상은 12%이다. 비조정대상지역은 2주택 이하는 1~3%, 3주택은 8%, 4주택 이상은 12%이다.

농지는 취득가액의 3.4%이며 기타 부동산은 4.6%다.

예를 들어 상가를 낙찰받았다면 취득세와 법무사수수료 등을 합해 대략 낙찰가의 약 5% 정도로 잡으면 될 것이다.

3. 금융이자

경락잔금을 이용할 경우 부동산의 종류와 채무자의 신용에 따라 대출금리가 다를 수 있으나 주택의 경우 연 3% 전후, 상가의 경우 연 5% 전후로 계산하면 된다.

4. 수리비용

매각물건에 대한 감정평가서에 기재된 사진과 현장실사를 거쳐 매각부동산의 상태 및 향후 부동산을 임대 놓을 것을 대비하여 수리 및 인테리어 비용을 미리 계산하여 두면 유용할 것이다.

5. 인허가 취득비용

매각물건에 따라서는 건축허가권이나 영업허가권이 존재하는 경우가 있다. 경매부동산이 매각됨에 따라 허가권이 부수되어 낙찰자의 것이 되면 문제가 없지만 때로는 별도로 허가권을 취득하는데 추가로 비용이 들 수 있다. 비용을 들여 허가권을 전 소유자로부터 매입하거나 또는 소송을 통하여 허가권을 취득하는 경우도 있고, 또는 새로이 허가권을 받아야 하는 경우도 있다.
이러한 비용을 미리 계산하여 고려하면 수익분석에 좀 더 정확성을 발휘할 수 있다.

05 기본사례 예시

1. 사례예시

사례를 통하여 직접 응찰가격을 산정해 보자.
아파트를 응찰하려고 할 때 감정가 400,000,000원, 체납관리비가 5,000,000원, 선순위 임차보증금 50,000,000원으로 배당요구를 하지 않았다.

권리분석과 현장조사를 통하여 확인한바 아파트의 거래가격은 420,000,000원으로 채무자가 파산절차를 거치다 보니 경매개시결정일이 2년 경과된 것으로 그 당시보다 지금의 부동산경기가 좋아 시세가 더 높은 것으로 조사되었다. 그리고 체납관리비는 5,000,000원으로 경매정보지에 적혀 있었는데 아파트관리사무소를 방문하여 공용면적 부분만 확인해보니 1,800,000원이었다. 선순위 임차인의 임차보증금 50,000,000원은 법원기록을 열람해보니 배당요구를 하지 않아 낙찰자가 전액 인수해야 할 금액이다. 아파트경매를 통해 실제 거주하고자 한다.

경매학원에서 공부하여 어느 정도 자신감이 있었던지라 직접 경매입찰하고 인도까지 혼자 힘으로 할 계획이다. 만약 낙찰된다면 세입자를 내보내는 인도비용은 약 2,000,000원 정도로 책정했다. 경매를 통하여 얻고자 하는 요구수익은 20,000,000원 정도는 되어야 할 것 같다.

위의 사례를 통하여 응찰가격산정을 직접 해보자.

응찰가격 = 부동산가격 - (인수금액 + 제반비용 + 요구수익)

부동산가격 = 거래시세 420,000,000원
인수금액 = 선순위임차보증금 50,000,000원
제반비용 = 연체관리비(공용면적) 1,800,000원
인도비용 2,000,000원, 요구수익 = 20,000,000원

∴ 응찰가격 = 420,000,000원 - (50,000,000원 + 1,800,000원 + 2,000,000원 + 20,000,000원) = 346,200,000원

위의 산정공식을 역으로 다시 풀어보면
응찰가 346,200,000원에 응찰하여 낙찰을 받는다면 시세 420,000,000원 가는 아파트를 선순위임차보증금 50,000,000원 물어주고 공용부분에 대한 연체관리비 1,800,000원을 관리

사무소에 납부하고, 세입자 인도비용으로 2,000,000원을 사용하여 수익이 20,000,000원 남았다는 것이다.

응찰가가 346,200,000원을 기준으로 더 높은 가격으로 응찰한다면 낙찰 가능성이 높아지면서 수익 20,000,000원보다 작아질 것이고, 더 낮은 가격으로 응찰한다면 낙찰 가능성은 낮아지면서 수익은 커질 것이다.

2. 권리분석의 중요성

위의 사례에서 선순위 임차보증금에 대한 분석이 잘못된 경우와 치밀한 권리분석으로 선순위 임차보증금을 인수하지 않은 경우로 나누어 살펴보자.

① 권리분석이 잘못된 경우
선순위임차보증금 50,000,000원을 인수권리로 파악하지 않아 396,200,000원으로 응찰한 경우 20,000,000원 수익이 난 줄 알았지만, 추후 임차인에게 50,000,000원을 물어주게 되므로 실제는 30,000,000원 손실을 보게 된다.
즉, 396,200,000원으로 응찰하면 낙찰 가능성이 높으나 실제 30,000,000원 손실을 보게 된다.

② 권리분석을 바르게 한 경우
선순위임차보증금 50,000,000원을 인수권리로 분석하여

346,200,000원에 응찰한 경우 낙찰이 된다면 예상대로 20,000,000원 수익을 얻게 된다.

③ 치밀한 권리분석으로 큰 수익을 얻게 된 경우

선순위임차인이 무상임대차확인서를 은행에 제출한 것을 확인하고 선순위임차인의 임차보증금은 인수권리가 아니라고 판단한 뒤, 346,200,000원에 응찰하여 낙찰받은 후 잔금납부와 동시에 선순위임차인에 대하여 인도명령결정을 받아 선순위임차보증금 50,000,000원을 물어주지 않게 되면 70,000,000원 수익을 얻게 된다.

■■ 응찰가격 산정방법 요약

1. 응찰가격 산정공식	응찰가격 = 부동산가격 - (인수금액 + 제반비용 + 요구수익)
2. 부동산가격 평가	(1) 공동주택 : 최근 낙찰사례, 국토부실거래가, 인근중개사무소 문의, 급매가 (2) 상가 : 거래사례가격, 연 수익률 계산 (3) 공장 : 토지, 건물, 기계기구, 제시 외 물건 (4) 토지 : 거래사례가격, 향후 이용계획고려 (5) 입지 : 부동산경기변동, 인근지역 개발상황, 당해 부동산의 구체적인 이용상황
3. 인수금액 (권리분석의 핵심)	(1) 대항력 있고 배당요구하지 않은 선순위 임차보증금 (2) 배당요구를 하였으나 일부 배당받지 못한 선순위 임차보증금 (3) 배당요구하지 않은 선순위 전세보증금 (4) 매각 외 (5) 유치권 (6) 법정지상권 (7) 체육시설회원권 (8) 말소되지 않는 가처분등기 (9) 토지별도등기 (10) 체납관리비 (11) 기타 인수권리
4. 제반비용	(1) 인도비용 (2) 등기비용 (3) 세금(취득세, 보유세, 양도세) (4) 금융이자 (5) 수리비용
5. 요구수익	(1) 입찰전략별 (2) 경매종목별
6. 종목별 고려사항	(1) 아파트 (2) 단독주택, 다가구주책, 다세대주택 (3) 원룸, 오피스텔 (4) 상가, 빌딩 (5) 모텔 (6) 공장 (7) 토지 : 농지, 임야, 도로

제6장 배당

01 개관
02 당해세
03 필요비, 유익비
04 배당
■■ 배당절차
■■ 배당순위
■■ 배당원칙
■■ 배당방법
■■ 배당요구 여부

제6장 배당

01 개관

경매부동산이 매각된 후 매각허가를 거쳐 잔금납부를 하게 되면 최고가매수인은 매각부동산에 대한 소유권을 취득하게 된다. 이때 납부된 매각대금은 약 1개월 후에 매각부동산의 채권자들에게 일정한 기준과 순위에 따라 나누어 주게 된다. 이를 배당이라 한다.

배당이란 매각대금에서 집행비용을 공제한 나머지 금액으로 매각부동산의 채권자들에게 법률로 정하여진 기준과 순위에 따라 나누어주는 절차이다. 여기에서 매각대금이 채권자들의 채권액 합계보다 많을 때는 각 채권자들의 채권액을 모두 나누어 줄 수 있으므로 문제가 되지 않으나, 매각대금이 채권액합계보다 적을 때에는 배당받지 못한 채권자가 발생하게 된다. 이러한 경우 때문에 채권자들 간의 배당받을 순서를 정하는 기준이 필요하게 된다.

배당편이 경매입찰자에게 중요한 의미는 무엇일까?
경매입찰자는 다음과 같은 이유로 입찰 전에 당해 매각부동산의 배당표를 약식으로라도 미리 짜 볼 필요성이 있다.

첫째, 선순위 임차인이 배당신청을 하였으나 보증금 전액을 배당받지 못하거나 일부 배당을 받지 못할 때는 낙찰자가 인수하여야 하기 때문이다.

둘째, 선순위 전세권자가 배당신청을 하지 않으면 보증금 전액을 인수하여야 하기 때문이다.

셋째, 선순위 권리로 배당받지 못한 금액은 인수하여야 하므로 그 금액만큼 차감한 금액을 응찰가격 산정시 반영하여야 한다.

넷째, 인도시에 전액 배당받는 점유자와 일부 배당받지 못하는 점유자 그리고 전액 배당받지 못하는 점유자는 저항의 강도가 다르며, 인도에 따른 투여 비용과 인도를 하는 기간이 달라지므로 점검해서 미리 계획을 세워야 한다.

다섯째, NPL 채권을 이전받아 배당이익을 얻거나 낙찰받는 경우 그 근저당권을 얼마에 매입하여야 수익이 되는가를 검토할 때 미리 배당표를 짜보아야 한다.

배당받을 금액보다 최소한 적은 가격으로 근저당권 매입가격을 결정하려면 입찰 전에 배당표를 미리 짜보아야 매입가격에 대한 그 기준을 세울 수 있다.

각종의 채권자들 중에는 배당요구종기일까지 배당요구를 꼭 하여야 배당받을 수 있는 채권자가 있고, 배당요구를 하지 않아도 배당받을 수 있는 채권자도 있다.

배당편에서 가장 중요한 것은 법률의 규정에 의한 배당순위이다. 배당순위를 알아야 입찰 전에 미리 배당표를 짜 볼 수 있고, 배당표를 짜봄으로써 인수금액을 알아내고, 인수금액을 알아내야 인수금액만큼 저감하여 응찰가격에 반영하여야 하며, 배당받지 못할 점유자에 대한 낙찰 후 인도의 강약을 미리 예상해볼 수 있기 때문이다.

02 당해세

1. 당해세 의의
당해세란 경매나 공매의 목적이 되는 부동산 자체에 부과된 조세와 가산금을 의미하는데, 이는 당해 부동산을 소유하고 있다는 사실에 근거하여 부과하는 국세, 지방세 및 그 가산금이다.

2. 당해세의 인정취지
당해세가 일반 조세채권과 담보물권 등의 채권보다 우선적으로 배당되는 취지는 조세채권이 국가 재정수입의 확보수단이라는 점에 기인하는 우선원칙이다.

3. 법정기일과의 관계
당해세는 조세채권이 발생한 날짜인 법정기일과는 무관하게 당해 재산에 발생한 조세이다. 즉, 당해 재산을 소유하고 있다는 사실 자체에 담세력을 인정하여 부과하는 조세인 것이다.

국세기본법 제35조 제1항 제3호는 공시를 수반하는 담보물권과 관련하여 거래의 안전을 보장하려는 사법적 요청과 조세채권의 실현을 확보하려는 공익적 요청을 적절하게 조화시키려는데 그 입법 취지가 있으므로 당해세가 담보물권에 의하여 담보되는 채권에 우선한다고 하더라도 이로써 담보물권의 본질적인 내용까지 침해되어서는 아니 되고, 따라서 같은 법 제35조 제1항 제3호 단서에서 말하는 그 재산에 대하여 부과된 국세라 함은 담보물권을 취득하는 사람이 장래 그 재산에 대하여 부과될 것을 상당한 정도로 예측할 수 있는 것으로서 오로지 당해 재산을 소유하고 있는 것 자체에 담세력을 인정하여 부과되는 국세만을 의미하는 것으로 보아야 한다.

4. 국세의 당해세

국세기본법 제35조(국세의 우선)는 강제집행, 경매 또는 파산절차에 의한 재산의 매각에 있어서 그 재산에 부과된 국세 또는 가산금은 다른 국세나 가산금 및 법정기일보다 빠른 전세권, 질권 또는 저당권의 목적이 되는 채권보다 매각대금에서 우선 징수하도록 규정하고 있다.
상속세, 증여세 및 종합부동산세가 있다.

5. 지방세의 당해세

지방세법 제31조(지방세의 우선) 및 동법 시행령 제14조의 4항 (지방세의 우선)은 강제집행, 경매 또는 파산절차에 의한 재산의 매각에 있어서 그 재산에 부과된 지방세 또는 가산금을 다른 지방세나 가산금 및 법정기일보다 빠른 전세권, 질권 또는 저당권의 목적이 되는 채권보다 매각대금에서 우선 징수하도록 규정하고 있다.

지방세 중에 당해세는 재산세, 종합토지세, 자동차세, 도시계획세, 공동시설세 및 지방교육세(재산세와 자동차세분에 한함)로 한다.

6. 당해세 법정기일 확인

등기부등본 갑구에 국세는 세무서에서 지방세는 지방자치단체에서 하는 압류등기를 볼 수 있다. 또한, 경매가 진행되면 대법원 경매정보사이트 문건처리내역에 교부권자 ○○ ○○○교부청구서 제출 등이 표기된 것을 발견할 수 있다.

일반적으로 당해세의 법정기일은 등기부에 기재된 압류날짜가 아닌 해당 조세의 신고납부일 또는 부과고지일이다.

그러므로 등기부등본에 기재된 압류일자 보다 훨씬 전에 세금 독촉의 최고 절차를 거친 뒤 체납된 세금을 납부하지 않아 압류등기가 표기되므로 시간상으로 당해세의 법정기일이 등기부에 기재된 압류일자보다 최소 몇 개월이 앞선다.

공매의 경우에는 공매재산명세서나 공매담당자를 통하여 날짜와 금액을 확인할 수 있다.

경매의 경우에는 입찰자는 당해 경매사건의 이해관계인이 아니므로 당해세를 확인할 수 없고 배당순서의 기준이 되는 법정기일도 알 수 없고 간접적으로 이해관계인을 통하여 알아볼 수 있다.

※ 민사집행법 제90조 (경매절차의 이해관계인)
① 압류채권자와 집행력 있는 정본에 의하여 배당을 요구한 채권자
② 채무자 및 소유자
③ 등기부에 기입된 부동산 위의 권리자
④ 부동산 위의 권리자로서 그 권리를 증명한 사람
※ 이해관계인이 아닌 경우 (대법원 판례)
① 가압류권자
② 처분금지가처분권자
③ 부동산명의신탁자
④ 소유권이전 청구권 가등기권자
⑤ 예고등기권자
⑥ 집행력 있는 정본 채권자인데 배당요구를 하지 않은 자

당해세와 관련하여 주의해야 할 점은 압류등기된 세금이 선순위임차인의 권리보다 후순위처럼 보이는데 선순위임차인이 배

당요구를 한 경우이다.

선순위임차인의 권리가 압류 등기된 당해세보다 선순위여서 배당으로 임차권자의 보증금을 인수하지 않을 것이라고 판단하여 권리분석하고 입찰하였는데, 추후 확인해보니 당해세의 법정기일이 선순위임차인의 권리보다 빠른 경우 당해세가 먼저 배당을 받고 배당받지 못한 선순위임차인의 보증금을 낙찰가가 인수할 수 있는 상황이 발생할 수 있기 때문에 세금체납에 따른 당해세의 법정기일에 관한 확인이 꼭 필요하다.

03 필요비, 유익비

1. 상환청구권

민법 제626조 (임차인의 상환청구권) ①임차인이 임차물의 보존에 관한 필요비를 지출한 때에는 임대인에 대하여 그 상환을 청구할 수 있다.
② 임차인이 유익비를 지출한 경우에는 임대인은 임대차 종료시에 그 가액의 증가가 현존한 때에 한하여 임차인의 지출한 금액이나 그 증가액을 상환하여야 한다. 이 경우에 법원은 임대인의 청구에 의하여 상당한 상환기간을 허여할 수 있다.

2. 필요비
(1) 의의

수선비·보존비 등과 같이 물건의 보존에 필요한 비용과 조세·공과금과 같이 관리에 필요한 비용 등 선량한 관리자의 주의로서 물건을 보관하는데 불가결한 비용을 말하는 것으로 임차인이 임차물의 보존을 위하여 지출한 비용을 말한다.

(2) 조건

① 제367조(제삼취득자의 비용상환청구권)의 비용 청구시 경매목적부동산에 저당권이 설정되어 있어야 한다.
② 목적부동산을 점유함에 있어 정당한 권원이 있어야 한다.
③ 소유자가 아닌 자가 필요비를 지출한 때에는 소유자의 사전 동의 또는 사후 동의를 필요로 한다.
④ 소유자와의 계약시 원상회복의 특약이 없어야 한다.
⑤ 소유자를 채무자로 하는 비용이어야 한다.
⑥ 변제기가 도래하여야 한다.
⑦ 지출한 비용이 수선, 유지, 관리를 위한 비용이 아니어야 한다.

(3) 사례

건물 누수, 파손으로 인한 수리비, 보일러 수리비, 화장실, 씽크대 등이 사용으로 인하 자연마모시 고장난 부분이 있어 사용하는데 지장이 있어서 수리한 경우 등이 해당된다.

3. 유익비

(1) 개념물건의 본질을 변화시키지 않고 이용 및 개량하기 위하여 지출된 비용을 말하는 것으로 임대차의 경우 임대차 목적물의 사용, 수익과 관련하여 목적물의 객관적 가치증가를 위하

여 지출한 비용을 말한다. 이는 본래 임대인이 지출하여야 하는 것은 아니나, 목적물의 객관적 가치가 증가한 때에는 부당이득이 되어 임대차 종료시에 그 가액의 증가가 현존하는 때에 한하여 임차인이 지출한 금액이나 그 증가액을 상환하여야 한다.

(2) 조건
① 유익비의 지출로 목적부동산의 객관적 가치가 증가하여야 한다.
② 객관적가치의 증가분이 비용상환청구시에도 현존해야 한다.
③ 가치증가 부분에 대한 입증책임은 비용의 상환을 청구하는 청구자에게 있다.
④ 유익비청구의 한도는 유익비를 발생시킨 목적물의 당시가치의 한도이내이어야 한다.

(3) 사례
건물의 사용목적 기타 구체적인 사정을 고려하여 판단하게 된다. 대체로, 방이나 부엌을 증축한 경우 그 증축에 지출한 비용, 오물처리장, 담장 등을 축조한 비용, 수도시설 설치비용, 건물의 유리문 개설 또는 섀시 또는 이중창을 달기 위한 비용, 토지 개량에 소요된 비용, 도로의 아스팔트 포장 비용 등이다. 주택 임차인이 고장난 기름보일러를 수리하는 대신 가스보일러로 교체 시설하여 지출한 비용 등이 해당된다.

4. 경매와 관련한 필요비와 유익비
① 유치권자가 유치물에 관하여 필요비를 지출한 때에는 소유

자에게 그 상환을 청구할 수 있다(민법 제325조 제1항).
② 임차인은 비용상환청구권에 관하여 유치권을 갖는다. 그러나 유익비에 관하여 기간을 허여받은 때에는 유치권은 생기지 않는다.
③ 비용지출자는 목적물상의 유치권을 갖는다. 민법 제688조 제1항에 의하여 부재자재산관리인이 상환을 청구할 수 있는 필요비도 부재자에게 실익이 발생하는지 여부 또는 부재자가 소기의 목적을 달성하였는지를 불문하고 유치권의 대상이 된다(대법원2004다69427).
④ 임차인의 영업시설을 위한 인테리어비용이나 특수목적을 위해 유익비를 지출했을지라도 건물가액의 증가가 현존하지 않는 경우에는 유치권자가 임의로 지출한 것에 불과하므로 그 비용을 낙찰자에게 청구할 수 없다.
⑤ 비용에 대한 입증서류로는 세금계산서, 임대인의 공정증서, 확정판결 등이 있다.

04 배당

1. 의의

경매절차는 경매목적부동산을 입찰에 의하여 매각한 뒤 그 매각대금으로 채권자의 채권을 변제하는데 충당하는 절차이므로 경락인이 매각대금을 납부하면 집행법원은 그 매각대금을 채권자들에게 변제하여 주는데 변제받을 금액에 대하여 매각대금이

각 채권자의 채권을 변제해 주는데 충분한 경우에는 집행법원은 각 채권자들에게 그 채권액을 변제하여 주고 잔액이 있으면 채무자에게 돌려준다.

그러나 변제받을 채권자가 경합이 되어있거나 그 매각대금조차 채권자들의 채권을 변제하여 주기에 불충분할 때는 집행법원이 각 채권자들에게 민법, 상법, 특별법의 규정에 의해 우선순위에 따라 매각대금을 배당한다.

2. 배당요구
(1) 배당요구를 해야만 배당이 되는 채권
① 우선변제 채권자 : 소액임차인, 상가임차인, 임금채권자
② 경매개시결정 기입등기 이후에 등기된 저당권자, 가압류채권자
③ 대항요건과 확정일자를 갖춘 임차인
④ 담보가등기권자
⑤ 선순위 전세권자
⑥ 판결문 등 집행력 있는 정본을 가진 채권자
⑦ 국세 등의 교부청구 채권자
⑧ 민법, 상법, 기타 법률에 의하여 우선변제청구권이 있는 채권자

(2) 배당요구 없이도 배당받는 채권자
① 배당요구종기까지 경매신청을 한 이중경매 채권자

② 첫 경매개시결정등기 전에 등기된 가압류 채권자
③ 첫 경매개시결정등기 당시 등기된 자 중 경매로 소멸하는 저당권, 담보가등기, 전세권, 등기된 임차권등기명령권자
④ 재개발, 재건축으로 공급된 부동산에 대한 경매 종전 등기부상의 저당권, 가압류권자
⑤ 첫 경매개시결정등기 전에 채납처분에 의한 압류권자
⑥ 대위변제자로서 배당기일까지 대위변제자임이 소명된 자

3. 배당요구의 신청

(1) 배당요구신청 기한
경매법원은 첫 입찰기일 전까지 배당요구의 종기를 공고하고 이를 채권자에게 고지한다.

(2) 배당요구 신청서류
① 주택임대차보호법 우선변제권자 : 임대차계약서, 주민등록등본
② 주택임대차보호법 최우선변제권자 : 임대차계약서, 주민등록등본
③ 근로기준법에 의한 임금채권자 : 회사경리장부, 근로감독관청확인서, 관할세무서의 근로소득원천징수서류
④ 가압류권자 : 가압류결정정본, 등기부등본
⑤ 집행력 있는 정본의 채권자 : 집행력 있는 정본
⑥ 저당권자 : 등기부등본, 채권원인증서사본
⑦ 담보가등기권자 : 등기부등본

⑧ 일반채권자 : 채권원인증서 사본

4. 배당절차
① 배당기일 약 3일 전에 배당 초안 게시
② 배당기일 배당실시
③ 배당기일 배당이의 : 배당기일에 출석한 채무자와 채권자는 배당표의 작성, 확정, 배당실시에 따른 다른 채권자의 채권과 순위에 관하여 이의신청 가능하다.
배당이의를 신청한 자는 7일 이내에 배당이의의 소를 제기하여야 하고, 소제기증명서를 배당법원에 제출하여야 한다.
④ 배당금의 수령

5. 배당원칙
(1) 물권 상호간
등기설정일에 의하고, 등기설정일이 동일한 경우 접수번호

(2) 물권과 채권 상호간
물권이 우선, 가압류가 선순위인 경우 가압류와 저당권은 동순위로 취급하여 안분배당

(3) 채권 상호간
채권자평등의 원칙, 채권액의 비율에 따라 안분배당

(4) 세금

국세는 법정기일, 지방세는 과세기준일, 납세의무성립일

(5) 확정일자 있는 임차인
담보물권과 동순위

6. 배당방법
(1) 안분배당
채권자 상호간에는 순위에 우열이 없고 순위가 같다.
채권의 배당액 = 배당할 금액 × 자신의 채권액 / 채권 합계액

(2) 순위배당
물권 상호간에는 등기설정일을 기준으로 한다.
등기설정일은 접수번호 순으로 한다.
확정일자가 있는 우선변제권의 주택임차권은 주민등록과 확정일자가 있는 날짜를 기준으로 한다.

(3) 안분 후 흡수배당
배당순위에 충돌이 있는 경우에 먼저 안분배당을 한 후 상대적으로 우위에 있는 채권의 만족을 얻을 때까지 후위의 채권을 흡수한다.

7. 배당순위
① 1순위 : 경매집행비용(예납금, 송달료, 감정평가수수료, 집행관수수료)

② 2순위 : 필요비, 유익비
③ 3순위 : 임차인의 최우선변제권, 임금채권
④ 4순위 : 당해세(상속세, 증여세, 종합부동산세, 재산세, 자동차세, 지역자원시설세, 지방교육세)
⑤ 5순위 : 담보물권, 확정일자 있는 임차인의 우선변제권
⑥ 6순위 : 일반 임금채권
⑦ 7순위 : 조세채권
⑧ 8순위 : 공과금(국민연금, 건강보험료, 산업재해보험료 등)
⑨ 9순위 : 일반채권

■■ 배당절차

번호	내용	비고
01	배당요구 종기일 공고	경매개시일로부터 1주일 내 공고
02	매각 잔대금 납부	매각일로부터 약 1개월 내
03	배당기일 지정 및 통지	매각대금납부일부터 3일 이내 지정 이해관계인과 채권자에게 통지
04	채권계산서 제출	배당기일통지서 수령일로부터 1주일 내 채권계산서제출
05	배당표 작성 및 비치	배당기일 3일전부터
06	배당기일	배당법정에서 실시 즉시 은행에서 배당금 수령
07	배당이의 제기	배당법정에 참여시만 배당이의소송 종결시까지 배당금 배당유보
08	배당이의 소송	별도의 재판으로

제3편
부동산경매 기본이론

■■ 배당순위

순위	권리종류	권리내용	비고
1	경매집행비용	예납금, 송달료 등	
2	필요비, 유익비		
3	최우선변제금	소액보증금 중 일정액	
	임금채권	3년간 퇴직금, 3개월의 임금	
4	당해세	국세 : 상속세, 증여세, 종합부동산세 지방세 : 재산세, 자동차세, 지역자원시설세, 지방교육세	
5	담보물권	저당권, 전세권 등	
	확정일자 임차권		
	당해세외 국세, 지방세		
6	일반 임금채권		
7	후순위 국세, 지방세		
8	보험료 등 공과금	건강보험료, 산재보험료, 국민연금 등	
9	일반채권		

■■ 배당원칙

01	물권 상호간	등기설정일순, 접수번호순
02	물권과 채권 상호간	물권이 우선
03	채권 상호간	채권자평등의 원칙적용
04	세금	국세는 법정기일 지방세는 과세기준일, 납세의무성립일
05	확정일자 있는 임차권(우선변제권)	담보물권과 동순위

■■ 배당방법

01	순위배당	물권 상호간, 설정일 기준
02	안분배당	채권 상호간, 채권자평등의 원칙적용
03	안분배당 후 흡수배당	안분배당 후, 부족분은 후순위 것 흡수

제3편
부동산경매 기본이론

■■ 배당요구 여부

순위	배당요구 없이도 배당받는 채권자	배당요구 하여야 배당받는 채권자
01	배당요구 종기까지 경매신청을 한 이중경매채권자	판결문 등 집행력 있는 정본을 가진 채권자
02	첫 경매개시결정등기 전에 등기된 가압류 채권자	우선변제 채권자 : 주택임차인, 상가임차인, 임금채권자
03	첫 경매개시결정등기 전에 체납처분에 의한 압류권자	경매개시결정 기입등기 이후에 등기된 저당권자, 가압류채권자
04	첫 경매개시결정등기 당시 등기된 자 중경매로 소멸하는 저당권, 담보가등기, 전세권, 등기된 임차권등기명령권자	선순위 전세권자
05	임차권등기명령자	담보가등기권자
06	대위변제자로서 배당기일까지 대위변제자임이 소명된 자	경매개시결정등기 이후 조세채권, 공과금채권
07	재개발, 재건축으로 공급된 부동산에 대한 경매 종전 등기부상의 저당권, 가압류권자	

제7장 명도

01 개관
02 부동산인도명령제도
03 부동산명도소송제도

제3편
부동산경매 기본이론

제7장 명도

01 개관

경매물건을 검색하여 권리분석을 하고, 임장활동을 통하여 물건분석을 한 후 수차례 입찰에 참여한 결과 패찰을 거듭하다가 드디어 최고가매수인이 되는 기쁨을 맞이하였다. 경매를 하여 낙찰을 받아본 모든 이는 낙찰의 짜릿한 순간을 잊지 못할 것이다.

그러나 낙찰의 기쁨을 만끽하고 난 후 새로운 고민에 빠지게 될 것이다. 지금까지는 부동산경매 물건에 대한 입찰자의 노력이었는데, 지금부터는 낙찰받은 부동산에 있는 점유자인 사람을 어떻게 내보내야 할까 하는 고민에 빠지게 된다. 사람과의 부딪침이 싫어서 경매업계를 떠나가는 사람들을 종종 보기도 했다. 나름 이해할 수 있는 일이기는 하나 따지고 보면 어떤 업종이라도 나름의 성과를 만들어 내기 위해서는 사람과 사람의 부딪침이 없는 경우는 거의 없을 것이다.

그런데 이러한 인도 고민은 낙찰받은 후에 구체적으로 겪는 것이지만, 입찰 전에 해당 매각부동산에 대한 권리분석을 통하여 어느 정도 파악이 되어있어야 한다. 즉, 낙찰된 부동산에 대하여 비로소 인도 고민을 하는 것이 아니라는 말이다.

인도명령제도는 2002년 민사집행법 시행으로 생긴 제도로, 이 제도 시행 이전에는 모든 점유자에 대하여 무조건 인도소송을 통해서만 부동산 인도가 가능했었다. 인도소송을 통해서만 인도를 받다 보니 점유할 적법한 권리도 없는 자들이 낙찰자를 상대로 무리한 금전을 요구하기도 하고, 인도하는 기간이 너무 길어 경매제도의 효율성이 떨어진다는 비판 속에서 인도명령제도가 탄생되었다.

인도명령대상자는 해당 경매부동산에 점유하고 있는 사람들 중에서 소유자, 채무자, 점유권원이 없는 자 등을 대상으로 낙찰자가 매각대금을 완납한 후 6개월 이내에 신청하면 정식 인도소송을 거치지 아니하고, 간이한 재판을 통해 대략 약 2일에서 14일 이내에 인도 결정을 해주는 절차이다.

그렇다면 입찰할 부동산 물건에 인도할 대상자가 누가 있을까?

크게 나누어 보면 첫째는 채무자, 소유자 둘째는 임차인 셋째는 권원이 없는 점유자가 있을 것이다. 이들 중 어떤 이는 인도명령이란 제도로 손쉽게 내보낼 수 있고, 어떤 이는 인도소송을 통하여 시간과 소송비용을 들여서 내보낼 수 있을 것이다.

경매에 있어서 시간은 돈이다. 낙찰받아 놓고 인도가 늦어지면 대출이자가 발생하고 부동산을 사용·수익할 수 없기에 빠른

제3편
부동산경매 기본이론

인도는 경매에서 수익과 직결되는 부분이다.

다시 한번 강조하지만 이는 낙찰 받은 후에 시작하는 것이 아니고, 입찰 전에 권리분석을 통하여 해당 경매부동산에 인도명령 대상이 될 자와 인도소송 대상이 될 자를 구분하고 인도 기간과 비용을 대략 미리 계산해보아야 한다.

인도명령 대상이 되면 잔금 납부와 동시에 바로 인도명령 신청을 하고, 인도명령 결정이 되면 채무자에게 송달된 것을 확인하고 송달증명원을 받고, 행문을 부여받아 강제집행을 신청하면 된다.

설령 이사금 합의로 인도를 마칠 가능성이 있더라도 기왕이면 잔금납부와 동시에 인도명령 신청을 하여 인도명령 결정을 받아 두는 것이 나중에 협상에 실패할 경우 대비하여 시간 절약에 도움이 된다.

02 부동산인도명령제도

1. 개념
낙찰자가 대금을 납부하고 6개월 이내에 인도명령대상자들을 대상으로 인도명령을 신청하면 법원은 심리를 하여 그 부동산 점유자에 대하여 부동산을 낙찰자에게 인도하도록 명령할 수 있다.

2. 기간
매각대금 납부 후 6개월 이내에 신청하여야 한다.

3. 신청인
낙찰자로서 대금 납부한 자, 이의 일반 승계인과 상속자, 공동 매수인의 경우 공동으로 또는 단독으로도 가능하다.

4. 상대방
① 채무자 : 경매개시결정 당시 표시된 채무자, 그 일반승계인, 상속자, 채무자 겸 임차인인 경우 대항력 여부에 따라 결정, 동거가족 등
② 소유자 : 경매개시결정 당시 표시된 소유자, 그 이후 소유권 취득한 소유자
③ 대항력 없는 임차인
④ 정당한 권원 없는 부동산 점유자 : 허위 유치권자, 불법점유자

■ 인도명령대상의 상대방이 아닌 자
① 대항력 있는 임차인
② 대항력 있는 임차인이 우선변제권을 가지고 있을 때 배당요구를 하여 배당표가 확정되어 전액을 배당받지 못하는 임차인
③ 정당한 유치권자가 있다. 이들은 인도명령으로 인도할 수 없고, 정식재판인 인도소송을 통하여 가능하다.

5. 심사방법

인도명령이 신청되면 법원은 소유자나 채무자 그리고 대항력 없는 임차인, 확실하게 점유권원이 없는 점유자에게는 접수일로부터 2일 정도 후에 인도명령결정을 한다. 그러나 대항력 없는 임차인이나 점유자라 하더라도 점유자의 점유권원을 확인하기 위하여 소명할 수 있는 기회를 제공하기 위한 심문서를 발송하거나 심문기일을 잡아 심문하기도 한다.

6. 인도범위

① 매각부동산
② 매각부동산의 부합물, 종물
민법 제358조(저당권의 효력의 범위)저당권의 효력은 저당부동산에 부합된 물권과 종물에 미친다.
③ 토지의 부합물
정원수, 정원석, 수목(입목법, 명인방법 제외), 농작물은 제외
정원수는 원칙적으로 부합물로 취급되나 때로는 매각 외로 분류하기도 한다.

④ 건물의 부합물
증축, 개축된 건물을 포함한다. 원칙적으로 거래 및 구조상 독립 여부로 판단한다. 건물의 부합물은 감정평가 포함 여부에 구애됨 없이 판단한다. 건축공사 중인 부동산은 기둥, 지붕 및 주벽에 대한 공사가 완료된 경우 부합물이 아닌 독립한 부동산으로 취급한다.

7. 신청, 재판, 절차
① 신청기간
잔금납부일로부터 6개월 이내에 하여야 한다.
② 신청서류
인도명령신청서, 부동산목록 등
③ 심리
서면심리(채무자, 소유자, 정당한 점유권원이 없다고 판단될 때)
④ 절차
인도명령신청 → 심리, 심문 → 인도명령결정 → 인도명령결정 본송달

8. 실무상 참조사항
(1) 집행관의 계고서 활용
낙찰 후 인도와 관련하여 점유자와 협의를 하다 보면 전혀 타협의 가능성이 없어 보이는 점유자를 만나고 나서 걱정을 하게 되는 경우가 있다. 하지만 모든 일은 시간과 노력이 해결해준

다는 마음으로 때로는 느긋한 자세를 가질 필요가 있다.

인도명령 결정이 나고 송달이 되고 나면 법원에 찾아가 강제집행을 신청할 수 있다. 강제집행을 신청하면 집행관사무실에서 며칠 후 계고장을 붙이겠다고 연락이 온다.

집행관과 동행하여 매각부동산 현장에 가서 "부동산인도 강제집행 예고"라는 강제집행 계고장을 붙이고 나면 그동안 고자세였던 대부분의 점유자는 이사비 흥정을 위한 연락이 온다. 이도 저도 안 된다면 어쩔 수 없이 강제집행을 하여야 한다.

(2) 내용증명 활용
낙찰 후 인도를 위해 내용증명을 발송하면 좋은 결과를 볼 수도 있다.
매각부동산은 물론 부합물이나 종물에 대하여 훼손이나 멸실을 할 경우 불법행위에 의한 형사고소를 할 수 있다는 내용과 잔금납부 이후에는 임차인으로서 거주에 대한 임차료를 부당이득 반환청구 하겠다는 내용, 그리고 인도 지연에 따른 손해에 대하여 손해배상청구 등을 할 수 있다는 내용을 기재하여 내용증명을 보내면 점유자는 태연한 척을 해도 마음은 조급해져 협상의 장으로 나올 가능성이 있다.

03 부동산명도소송제도

1. 개념
인도소송이란 부동산경매에서 부동산 인도명령 신청기간인 매각대금을 낸 뒤 6개월 이 지나거나 채무자·소유자 또는 점유자 등 인도명령을 받는 사람 이외의 사람이 해당 부동산을 점유하고 있는 경우 그리고 정당한 권원에 의하여 점유하고 있는 자에 대하여 매수인이 그 부동산을 점유하기 위해 넘겨달라는 소송을 제기하는 것을 말한다.

2. 관할법원
인도명령은 경매집행법원이나, 인도소송은 별개의 사건으로 부동산소재지의 지방법원 재판부가 지정된다.

3. 신청인
매수인 또는 상속 등의 일반승계인과 매매 등으로 소유권을 이전받은 특정승계인

4. 피신청인
① 선순위 임차인
대항력과 우선변제권을 겸한 임차인이 배당요구를 하여 전액 배당을 받는 경우, 그 배당금을 실제로 지급받을 수 있는 배당표 확정시까지 매수인에게 주택의 인도를 거절할 수 있다. 배당표 확정 이후에는 인도명령이 가능하다.

② 재침입한 임차인

매수인이 부동산의 점유를 인도받은 후에는. 제3자가 불법으로 점유하여도 인도명령이 불가능하다. 이런 경우 인도소송보다는 주거침입죄 등 형사고소를 하는 것이 더 효율적이다.

강제집행으로 퇴거한 자가 재침입하였을 경우 부동산강제집행 효용침해죄에 해당하고, 주거침입죄, 퇴거불응죄 등에 해당하여 형사고소가 가능하다.

③ 채무자 겸 대항력 있는 임차인
④ 매수인으로부터 새로 임차한 자
⑤ 법정지상권이 성립하는 건물의 임차인
⑥ 진정한 유치권자

5. 강제집행절차

점유이전금지가처분신청 → 가처분결정 → 인도소송접수 → 재판 → 승소판결 → 집행문부여 → 강제집행

소요기간은 통상적으로 3~5개월 정도 걸리며 항소할 경우에는 또 3~5개월 정도가 걸린다. 그러나 제1심법원에서 가집행 선고판결을 하기 때문에 1심판결 후 인도집행을 할 수 있다. 강제집행절차는 인도명령결정과 같다.

6. 명도소송시 주요논점

(1) 점유이전금지가처분

인도소송은 소를 제기하기 전 점유이전금지가처분 신청을 하는

것이 좋다.

점유이전금지가처분은 가처분 당시의 점유자가 바뀌면 또다시 바뀐 점유자를 대상으로 소송을 진행시키는 번거로움을 방지하기 위하여서 하는 처분이다. 점유이전금지가처분 이후 다른 사람이 점유하면 그 사람에게 가처분의 효력이 미쳐 승계집행문을 받아 강제집행을 할 수 있다.

점유이전금지가처분을 신청하면 집행관은 점유자가 부재중에도 문을 따고 들어가 눈에 잘 뛰는 곳에 경고문을 붙여 점유자에게 상당한 심리적 효과를 준다. 더불어 인도에 불응시 강제집행을 할 것이라는 강력한 경고 효과도 부수적으로 얻을 수 있다.

(2) 부당이득반환청구
점유자가 인도 완료할 때까지 임료 상당액을 부당이득으로 반환 청구할 수 있으며, 법원에 임료감정을 신청하면 그 감정된 임료만큼 인도완료시까지 지급하라는 판결을 받을 수 있다.

(3) 임차인에 대한 소송
법정지상권이 성립하지 않는 건물의 대지만 낙찰받았을 때 건물에 거주하는 임차인을 상대로 건물 퇴거소송이 가능하다. 건물주를 상대로 건물철거 및 토지 인도 청구소송을 제기하고, 임차인을 상대로 건물퇴거소송을 할 수 있다.

제3편
부동산경매 기본이론

■■ 인도명령절차 요약

1. 개 념	매수인이 매각대금을 납부한 후 6월 이내 매각부동산의 대항력 없는 점유자를 대상으로 당해부동산을 인도하라는 명령을 법원에 신청하는 절차이다.
2. 신청인	매수인 및 상속인이 신청할 수 있다. 매수인으로부터 소유권을 취득한 사람은 신청할 수는 없고, 매수인을 통하여 승계집행문을 통하여 만이 할 수 있다.
3. 기 간	매각대금을 납부한 후부터 6개월 이내 신청해야 한다. 채무자, 소유자, 후순위임차인에 대하여는 매각대금을 납부한 날부터 가능하다. 선순위 임차인은 임차보증금을 전액 배당받을 것으로 배당표가 확정되면 가능하나, 일부만 배당받거나 배당이의로 배당표가 확정되지 않으면 신청이 불가하다.
4. 상대방	채무자, 채무자의 동거가족, 채무자의 피용인, 채무자의 상속인, 소유자 대항력 없는 점유자 : 후순위임차인, 점유권원 없는 유치권자 등
5. 불가대상	선순위임차인 : 임차보증금의 일부를 배당받지 못한 경우도 해당 법정지상권이 성립하는 건물의 임차인 점유권원이 있는 유치권자
6. 심사방법	1. 채무자 : 서면심리, 신청일로부터 3일 내 결정 2. 소유자 : 서면심리, 신청일로부터 3일 내 결정 3. 임차인 : 심문서 발송, 배당종결 후 3일 내 결정 4. 유치권자 : 심문 후 결정 5. 기타 점유자 : 심문 후 결정
7. 효 력	인도명령결정 정본이 도달시 즉시 효력발생 즉시항고 집행정지효력 없음. 가집행선고 효력 인도집행정지 : 즉시항고+강제집행정지신청+현금공탁
8. 송 달	인도명령결정문이 송달되어야 강제집행신청 가능 종류 : 우편송달, 야간송달, 조조송달, 공휴일송달, 유치송달
9. 불복제도	1. 사유 : 형식적 자격요건 결여, 심리절차의 하자, 대항력 있는 점유권의 존재 2. 절차 : 인도명령결정수령일로부터 1주일 내에 항고이유서를 적어 즉시항고장제출, 재항고, 즉시항고기간이 도과하여 인도명령확정시 청구이의의 소제기
10. 강제집행 진행절차	인도명령신청 ⇨ 심리, 심문 ⇨ 결정 ⇨ 결정문송달 ⇨ 집행문부여신청, 송달증명원발급 ⇨ 강제집행신청(인도명령결정문, 송달증명원 첨부) ⇨ 집행비용예납 ⇨ 강제집행계고 ⇨ 강제집행실시

제4편

부동산경매 실전사례

부동산경매의 실전사례편이다. 그동안 긴 세월 동안 부동산경매 실무에서 대표성 있는 사례들을 처음부터 명도까지의 과정에서 문제점과 대처과정을 자세하게 묘사했다.
모쪼록 독자 여러분들께서 세세한 부분까지 간접경험을 통해 여러분 자신의 자산으로 만들어 가시기를 바랍니다.

제4편　부동산경매 실전사례

제1장 빌라경매 (남양주지원 2022타경76863)
제2장 교회경매 (고양지원 2015타경6544)
제3장 사우나경매 (남부지원 2006타경36933)
제4장 토지경매 (여주지원 2022타경30070(2))
제5장 토지만 경매 (북부지원 2007타경10719)
제6장 모텔경매 (천안지원 2009타경 11654(2))

제1장　빌라경매

01 물건검색

02 권리분석

03 낙찰

04 잔금납부

05 명도

제1장 빌라경매

01 물건검색

8월 하순경까지 더운 날이 계속되었다. 청평에서 부동산업을 하는 친구가 있어서 가끔 주말마다 사무실에 놀러 가곤 했는데 그 친구 왈 호명산자락에 사람들에게 잘 알려지지 않고 조용한 계곡이 있다고 자랑하면서 가자고 하여 치킨과 옥수수 캔맥주 등을 사서 친구들과 따라나섰다. 명불허전!! 날씨는 아직도 더웠는데도 불구하고 계곡 입구를 들어서니 주차장에 차량이 몇 대밖에 보이지 않았고 사람들이 많지 않았다. 장맛비가 많이 왔던 터라 물도 많았고 맑아 보였다. 여름 휴가도 못 다녀왔던 처지에 친구들과 오랜만에 만나 사가지고 갔던 음식들을 맛있게 먹고 담소도 나누고 즐거운 시간을 가졌다.

이야기를 나누던 중 한 친구가 나이 들어가면서 가끔 만날 아지트가 하나 있으면 좋겠다고 말하자 부동산 하는 친구가 가평역에서 멀지 않은 곳에 신축한 지 2년여 된 방 3개에 화장실 2개 달린 연립주택이 경매로 나왔다고 말하였다. 그래서 그것을 낙찰받아 아지트로 쓰자고 즉흥 제안을 하여 만장일치로 합의를 했고, 자리를 파하고 난 뒤 그날 당번을 서는 친구가 운전하고 즉시 현장답사를 하러 갔다.

제4편
부동산경매 실전사례

동네는 전체적으로 아늑하고 연립주택 주변은 산자락으로 감싸고 있으며 주변에 텃밭과 등산로가 있어 주말에 와서 조용히 아지트로 사용하기에는 안성맞춤이란 생각이 들었다. 동네 입구에는 작은 호텔도 있고 안쪽으로 들어가니 예쁜 카페도 있고 서울을 떠나 가끔 피신처로 사용하기에 괜찮을 것 같아 입찰하기로 결정했다.

경매의 시작은 물건검색에서부터 시작된다. 본인이 낙찰받고자 하는 물건을 설정했다면 통상 물건의 종류, 지역, 입찰금액, 입찰시기 매각조건 등을 입력하여 검색한다.
검색사이트는 법원에서 직접 운용하는 대한민국법원 법원경매정보, 사설 경매사이트로 크게 나눌 수 있다. 다시 사설 경매사이트는 유료사이트와 무료사이트로 구분할 수 있다. 경매를 직업적이며 장기적으로 한다면 유료사이트를 구매하여 사용하면 편리하지만, 가격이 상당히 고가이기 때문에 처음에는 무료사이트를 사용하는 것도 좋은 방법이라 생각된다.

법원경매정보와 사설 경매사이트의 장단점을 살펴보면 법원경매정보는 경매에 관한 정확하고 신속한 정보를 제공한다. 반면에 경매에 관련한 부가적이고 상세한 정보는 얻기 어렵다. 반대로 사설 유료사이트는 해당 경매물건 조사에 필요한 부가서비스를 많이 제공하므로 효율성이 높으나 법원경매정보를 기반으로 작성되므로 정확성이 떨어질 수도 있다.
필자의 생각으로는 찾고자 하는 물건이 설정되고 나면 사설 경매사이트를 이용하여 검색하고 분석한 뒤 확인용으로 법원경매정보를 병행하여 사용하고, 낙찰된 후로는 법원경매정보를 이용하여 경매 일정 등을 체크하는 것이 효과적이라 생각한다.

사설 경매사이트로 물건검색을 해보니 다세대 1개 동에 12세대의 건물 중 4개 정도가 경매가 나와 있었다. 신축한 지 얼마 되지 않아 경매가 많이 나와 있다는 것은 공사대금으로 인한 분쟁이 있을 가능성이 있다고 생각했다. 4개 경매물건 중 401호가 맨 위층이라 층간소음도 없고 사용하기에 편리할 것 같아 마음에 들어 입찰하기로 했다.

제4편
부동산경매 실전사례

매각물건명세서

2023. 9. 6.자로 유치권신고인 이○○가 이 사건 부동산에 대하여 공사대금 금 64,000,000원의 유치권신고서가 제출되었으나, 그 성립 여부는 불분명함

물건검색 시점이 8월 말이었고 입찰 일자가 9월 12일이었다. 감정가 2억원, 감정가대비 49%인 최저매각가 9,800만원으로 이번 3차 기일에 입찰하면 되겠다고 생각하고 입찰을 준비했다. 그런데 입찰 6일 전에 갑자기 유치권신고가 접수되었다.

유치권신고내용은 이○○씨가 공사비 6,400만원을 변제받지 못했다는 것 외에는 별다른 정보가 없어 유치권을 파악할 시간적 기회조차 없어 3차 기일에 입찰을 포기하였는데 결과적으로 유찰되었다.

9월 12일 3차 기일에 유찰이 되고, 다음 4차 매각기일이 10월 17일인데 최저매각가격이 감정가의 34%인 68,600,000원까지 가격이 떨어지다 보니 전투력이 더 배가되었다.

02 권리분석

해당 다세대주택 경매물건의 권리분석은 임차인분석과 유치권분석이었다.

임차인으로 권리신고 및 배당요구까지 한 임차인의 권리는 임차권등기가 되었으나 말소기준권리보다 후순위였으므로 주택임대차보호법상 인수할 권리가 없었다. 주민등록상 전입세대열람 방법은 경매정보지를 가지고 주민센터에 가면 열람 신청하면 된다.

유치권을 조사할 시간이 한 달 정도 충분하게 주어졌으니 좋은 기회라 생각하고 여러 가지 탐문조사 등을 해보니 경매기입등기일 이후에 점유한 것으로 유치권이 성립되지 않을 것이라 확신할 수 있었다. 유치권이 성립하려면 유치권을 주장하는 사람이 경매기입등기일 이전부터 현재까지 지속적으로 점유하고 있어야 한다.

다만 대항력이 없는 임차인이라 할지라도 이삿짐 등이 있어서 이사비용 정도는 감안하여야 한다고 생각하였다.

제4편
부동산경매 실전사례

경매사건검색

▶ 검색조건 법원 : 남양주지원 | 사건번호 : 2022타경76863

| 사건내역 | 기일내역 | 문건/송달내역 | 인쇄 | 이전 |

● 사건기본내역

사건번호	2022타경76863 [전자]	사건명	부동산임의경매
접수일자	2022.12.02	개시결정일자	2022.12.05
담당계	경매1계 전화 : 031-869-4421 (경매절차 관련 문의) 집행관사무소 전화 : 031-567-7708 (입찰 관련 문의) (민사집행법 제90조, 제268조 및 부동산등에 대한 경매절차 처리지침 제53조제1항에 따라, 경매절차의 이해관계인이 아닌 일반인에게는 법원경매정보 홈페이지에 기재된 내용 외에는 정보의 제공이 제한될 수 있습니다.)		
청구금액	83,146,811원	사건항고/정지여부	
종국결과	미종국	종국일자	

관심사건등록

● 배당요구종기내역

목록번호	소재지	배당요구종기일
1	경기도 가평군 가평읍 석봉로3번길 40, 4층401호	2023.02.27

● 항고내역

물건번호	항고제기자	항고접수일자 접수결과	항고 사건번호	항고결과	재항고 사건번호	재항고결과	확정여부
검색결과가 없습니다.							

● 물건내역

물건번호	1	물건상세조회 매각기일공고 매각물건명세서	물건용도	연립주택	감정평가액	200,000,000원	
목록1	경기도 가평군 가평읍 석봉로3번길 40, 4층401호		목록구분	집합건물	비고	미종국	
물건상태	매각준비 → 매각공고 → 매각 → 매각허가결정 → **대금납부**						
기일정보					최근입찰결과	2023.10.17 매각(88,532,000원) 2023.10.24 최고가매각허가결정	

: 등기기록 열람

사건내역은 담당경매계와 집행관사무소의 연락처, 배당요구종기일, 항고내역, 물건상태정보, 당사자내역 등이 항목으로 있다.

해당 낙찰받은 사건에 대하여 진행절차상 궁금한 점은 경매계에 전화해볼 수 있고, 배당요구 종일을 확인하여 해당 임차인이 그 날짜 안에 배당요구를 하였는지 확인해볼 수 있고, 낙찰받은 사건에 관하여 이해관계인이 혹여 항고했는지를 확인할 수 있으며, 매각허가, 잔금납부, 배당기일을 확인하며, 당사자내역을 통하여 유치권자나 채권자 그리고 채권자 변동이 있는지를 확인할 수 있다.

기일내역에서는 낙찰을 받고나면 매각이라 표시되고 매각가격이 표시된다. 매각 7일 후에 최고가 매각허가결정이 나고 그로부터 약 2~3주 후에 대금 지급기한이 설정된다. 대금납부 후 약 1개월 후에 배당기일이 지정됨을 알 수 있다.

이러한 기일내역은 낙찰받고 난 이후 법원에서 결정되는 일정을 확인하여 매각허가결정 여부, 이의신청 여부, 잔금 납부기한 등에 대한 정보를 파악하여 잔금대출 준비를 미리미리 준비하는 데 유용하게 활용할 수 있다.

경매사건검색

▶ 검색조건 법원 : 남양주지원 | 사건번호 : 2022타경76863

사건내역   기일내역   **문건/송달내역**   🖨 인쇄   ‹ 이전

● 문건처리내역

접수일	접수내역	결과
2022.12.07	등기소 남0000 00000 등기필증 제출	
2022.12.21	집행관 안00 현황조사보고서 제출	
2022.12.21	교부권자 국0000000 000000 교부청구서 제출	
2022.12.22	감정인 정00 감정평가서 제출	
2022.12.27	교부권자 동0000 교부청구서 제출	
2023.02.21	근저당권자 주00 채권계산서 제출	
2023.02.24	기타 김00 권리신고 및 배당요구신청서(주택임대차) 제출	
2023.06.14	교부권자 동0000 교부청구서 제출	
2023.06.20	집행관 송00 기일입찰조서 제출	
2023.08.08	집행관 송00 기일입찰조서 제출	
2023.09.06	유치권자 이00 유치권신고서 제출	
2023.09.12	집행관 송00 기일입찰조서 제출	
2023.10.17	집행관 송00 기일입찰조서 제출	
2023.10.18	최고가매수인 열람및복사신청 제출	
2023.10.18	채권자 삼00000 0000 법무사기록열람신청서 제출	
2023.10.26	채권자 삼00000 0000 배당의견서 제출	
2023.11.14	유치권자 이00 유치권취하서 제출	
2023.11.15	법원 외000000 00000 000 전언통신문 제출	
2023.11.20	최고가매수신고인 열람및복사신청 제출	
2023.11.27	최고가매수신고인 매각대금완납증명	
2023.11.27	최고가매수인 소유권이전등기및말소등기촉탁신청서 제출	
2023.11.27	최고가매수인 등기촉탁공동신청 및 지정서 제출	
2023.11.30	채권자 삼00000 0000 채권계산서 및 경매비용내역서 제출	
2023.12.01	근저당권자 주00 채권계산서 제출	
2023.12.04	교부권자 국0000000 000000 교부청구서 제출	
2023.12.06	교부권자 동0000 교부청구서 제출	

문건처리내역은 경매사건의 이해관계인 등이 법원에 제출한 내역을 일자별로 기재한 사항으로 경매사건접수, 집행관현황조사서, 감정평가서, 세무서 등 기관의 채권계산서, 임차인 권리신고서 및 배당요구서, 유치권신고서, 유치권자 유치권취하서, 이해관계인들의 기록 열람 및 복사신청 사항 등이 기재되어 있다.

위 내용들은 시점을 주목해서 보아야 한다. 예를 들어 임차인의 권리신고 및 배당요구신청이 배당요구종기일 내에 이루어졌는지를 정확히 봐야 한다. 선순위대항력 있는 임차인이 권리신고 및 배당요구를 했다고 해도 배당요구종기일 후에 권리신고 및 배당요구신청이 이루어졌다면 유효한 신고로 처리되지 못하므로 그 임차인의 보증금은 낙찰자가 인수해야 할 권리가 됨을 유의해야 한다.

송달내역

송달일	송달내역	송달결과
2022.12.05	채무자 황OO 개시결정정본 발송	2022.12.07 도달
2022.12.05	소유자 주OOOOOOOOO 개시결정정본 발송	2022.12.12 폐문부재
2022.12.05	채권자 삼OOOOO OOOO 개시결정정본 발송	2022.12.05 도달
2022.12.05	소유자 주OOOOOOOOO OOOO OOO 개시결정정본 발송	2022.12.07 도달
2022.12.14	주무관서 관OOO 최고서 발송	2022.12.14 송달간주
2022.12.14	주무관서 가OO 최고서 발송	2022.12.14 송달간주
2022.12.14	주무관서 국OOOOOOO OOOOOO 최고서 발송	2022.12.14 송달간주
2022.12.14	주무관서 동OOOO 최고서 발송	2022.12.14 송달간주
2022.12.14	근저당권자 삼OOOOOOOOO 최고서 발송	2022.12.14 송달간주
2022.12.14	근저당권자 주OO 최고서 발송	2022.12.14 송달간주
2022.12.14	집행관 남OOOO OOO 조사명령 발송	2022.12.15 도달
2022.12.14	감정인 정OO 평가명령 발송	2022.12.14 도달
2023.05.30	임차권자 1 김OO 보정명령등본 발송	2023.06.02 도달
2023.06.05	근저당권자 삼OOOOOOOOO 매각및 매각결정기일통지서 발송	2023.06.05 송달간주
2023.06.05	소유자 주OOOOOOOOO 매각및 매각결정기일통지서 발송	2023.06.05 송달간주
2023.06.05	채무자 황OO 매각및 매각결정기일통지서 발송	2023.06.05 송달간주
2023.06.05	교부권자 국OOOOOOO OOOOOO 매각및 매각결정기일통지서 발송	2023.06.05 송달간주
2023.06.05	근저당권자 주OO 매각및 매각결정기일통지서 발송	2023.06.05 도달
2023.06.05	채권자 삼OOOOO OOOO 매각및 매각결정기일통지서 발송	2023.06.07 도달
2023.06.05	임차권자 김OO 매각및 매각결정기일통지서 발송	2023.06.05 송달간주
2023.06.05	교부권자 동OOOO 매각및 매각결정기일통지서 발송	2023.06.05 송달간주
2023.09.07	유치권자 이OO 매각및 매각결정기일통지서 발송	2023.09.07 송달간주
2023.11.01	최고가매수인 대금지급기한통지서(물건1) 발송	2023.11.08 폐문부재
2023.11.16	최고가매수인 대금지급기한통지서(물건1) 발송	2023.11.17 송달간주
2023.11.27	소유자 주OOOOOOOOO 배당기일통지서 발송	2023.11.29 이사불명
2023.11.27	채무자 황OO 배당기일통지서 발송	2023.11.28 도달
2023.11.27	채권자 삼OOOOO OOOO 배당기일통지서 발송	2023.11.27 도달
2023.11.27	근저당권자 삼OOOOOOOOO 배당기일통지서 발송	2023.11.29 도달
2023.11.27	근저당권자 주OO 배당기일통지서 발송	2023.11.27 도달
2023.11.27	임차권자 김OO 배당기일통지서 발송	2023.11.28 도달
2023.11.27	유치권자 이OO 배당기일통지서 발송	2023.11.29 도달
2023.11.27	교부권자 동OOOO 배당기일통지서 발송	2023.11.29 도달
2023.11.27	교부권자 국OOOOOOO OOOOOO 배당기일통지서 발송	2023.11.29 도달

송달내역은 법원에서 이해관계인에게 보내는 문서이다. 경매개시결정정본 발송, 최고서 발송, 집행관현황조사명령 발송, 감정평가명령 발송, 매각및매각결정기일통지서 발송, 최고가매수인 대금지급기한통지서 발송, 배당기일통지서 발송 등이며 낙찰자로서는 낙찰받은 사건에 대한 법원의 진행 진도를 파악하기 위해 수시로 확인하여야 한다.

폐문부재란 문이 잠겨 있고 사람이 없어서 우편물을 전달하지 못하였다는 말이고, 송달 간주란 송달된 것으로 간주한다는 뜻으로 폐문부재 중이더라도 도달한다는 것으로 취급하는 경우와 부재 여부를 따지지 않고 당연히 도달된 것으로 취급하는 경우가 있다.

03 낙찰

의정부지방법원 남양주지원은 2022년 3월에 개원하였다. 그전에는 가평군 또는 남양주시 소재 부동산경매를 참여하려면 의정부지방법원에 가야 했는데 남양주지원이 개원함에 따라 편리해졌다.

경매법정에 도착하면 제일 먼저 해야 할 일이 경매법정 출입구 근처에 게시한 당일 경매사건 알림표를 꼭 확인하여야 한다. 본인이 입찰할 물건에 변동사항이 없는지 즉, 오늘 진행하는지 등을 반드시 확인하여야 한다. 매각기일 전날 대법원 법원경매 정보사이트에서 진행상황을 확인하고 가야 하지만, 매각기일 당일날 다시 확인하여야 함을 강조한다. 하루 사이에도 변동상황이 발생할 수 있기 때문이다.

간혹 경매가 정지되거나 취하되어 당일 진행되지 않는데도 이를 확인하지 않고 응찰하게 되면 괜한 헛수고를 하게 되니 말이다. 물론 입찰했던 보증금은 돌려받을 수 있다.

입찰 당일날 경매법정에는 사람들이 꽤 많이 북적거렸다. 남양주 구리 등 아파트 경매물건이 다수 포함되어 있기 때문이었다. 아파트 경매는 한 사건에 20~30여 명이 응찰하였으므로 개찰하는데도 시간이 오래 걸렸다.

드디어 필자가 입찰한 사건이 개찰 되었다. 필자의 이름이 맨 먼저 불리우고 나머지 3명도 불리어서 총 4명이 입찰하였고, 필자가 낙찰되었다. 통상 제일 먼저 불리우는 사람이 낙찰자다. 꽤 많은 경매법정에 섰음에도 불구하고 낙찰되는 순간은 아직도 짜릿하고 기분 좋다.
감정가 2억짜리 다세대를 8,800만원에 낙찰받았으니 기분이 좋을 수밖에~~

패찰자는 입찰했던 입찰보증금과 입찰 봉투째로 돌려받고, 낙찰자는 낙찰자로서 간단한 조서를 작성하고 입찰보증금 영수증을 받고 나오면 끝이 난다.

낙찰받고 나올 때 대출 영업을 하는 분들이 경락잔금대출 명함을 나눠주는데 가급적이면 다 받아오는 게 좋다. 대출한도 및 금리 등의 대출 조건을 비교하여 선택할 수 있기 때문이다. 대출수수료는 별도로 요구하지 않는다. 그 들은 은행에 등록하여 소정의 수수료를 받기 때문이다.

04 잔금납부

낙찰된 다음 날 바로 해당 경매사건 법원 경매계에 찾아갔다. 낙찰되기 전에는 입찰자의 지위이므로 경매사건 기록에 대하여 열람 및 복사를 할 수가 없다. 즉, 당해 사건의 이해관계인만이 그런 권리가 생긴다. 그런데 낙찰이 되고 나면 당해 경매사건에 최고가매수인으로 불리며 이해관계인으로 취급되며 해당 경매사건의 열람 및 복사신청이 가능해진다.

임차인의 권리신고 및 배당요구서와 유치권신고서 그리고 입찰자들의 입찰서 등을 열람 및 복사신청을 하였다. 필자를 포함하여 3명이 입찰하였는데 유치권신고인도 입찰에 참여하였다. 임차인은 말소기준권리보다 후순위였으며 주민등록도 다른 곳으로 이전한 상태였다.

무엇보다 궁금했던 것은 유치권신고서인데 실내장식 및 바닥공자 공사대금 미변제금액을 내용으로 6천여만원을 신고했는데 2023년 4월부터 방 한 칸을 점유하였다고 기재되어 있었다. 유치권에서 점유는 핵심적인 내용인데 합법적이고 유효한 점유는 경매개시결정등기일 이전부터 점유해야 하는데 이 경매사건의 개시결정등기일은 2022년 12월 2일이므로 점유가 늦어져서 유치권이 성립되지 않았다.

그런데 잔금대출을 받으려고 할 때 은행에서 유치권신고가 되어있으면 가장유치권임을 알아도 대출을 꺼리는 경향이 있다. 그래서 필자는 유치권자와 연락을 하여 유치권포기신고서를 법원에 제출하도록 권유했다. 처음에는 유치권자가 쉽게 필자의 의견에 동의하지 않아서 할 수 없이 내용증명을 작성하여 보내려 하다가 일부만 발췌하여 카톡으로 그 내용을 보냈더니 며칠 지나지 않아 유치권신고인이 법원에 유치권포기신고서를 제출하여 탈 없이 잔금대출을 받을 수 있었다.

다음의 유치권자에게 보내려던 내용증명은 합의가 되어 보내지 않았으나 보내려고 작성해두었던 것을 독자 여러분들의 이해를 돕기 위해 게재한다.

제4편
부동산경매 실전사례

■ 내용증명 – 실제작성사례

내 용 증 명 서

발신자   박○○(최고가매수인)
연락처   010-5455-0000
주　소   서울시 ○○구 ○○동 ○○○번지

수신자   이○○(유치권신고인)
연락처   010-000-0000
점유지   경기도 가평군 가평읍 대곡리 426-6 401호(석봉로3번길 40)

제목   유치권부존재에 따른 유치권포기신고서 제출요청

부동산의 표시
사건번호 : 의정부지방법원 남양주지원 경매1계 2022타경76863호
소 재 지 : 경기도 가평군 가평읍 대곡리 426-6 401호(석봉로3번길 40)

1. 귀하의 건승을 기원합니다.

2. 본인은 위 경매사건 부동산에 대하여 2023년 10월 17일 실시한 부동산임의경매사건에서 최고가매수인으로 선정된 박○○입니다.
본인은 부동산경매를 직업으로 하고 있으며, 다수의 경매현장에서 유치권을 경험하고 처리하였습니다.

3. 2023년 10월 18일 최고가매수인의 합법적인 지위를 통하여 위 부동산경매사건에 대한 기록을 열람 및 복사 신청하여 이해관계인에 대한 인적정보 및 유치권신고서에 대한 기록을 입수하였습니다.

4. 2023년 10월 24일 위 부동산경매사건에 대하여 매각허가결정이 되고, 2023년 11월 중순경에 매각대금 잔금기한이 예정되어 저의 입장을 전달하고자 합니다.

5. 귀하가 제출한 유치권신고서를 토대로 분석한 결과
(1) 점유부분
부동산경매사건에 대한 유치권자의 점유는 경매개시결정일자 이전부터 현재까지 계속 유지 되어야 지정한 유치권을 인정받을 수 있고, 이에 어긋날 때는 위 유치권을 내세워 그 부동산에 관한 경매절차의 매수인에게 대항할 수 없다.

첫째, 위 부동산경매사건 개시결정일자는 2022년 12월 5일인데 귀하가 제출한 『유치권신고서』의 내용 중 "물건지의 일부 방 한칸을 2023년 4월부터 현재까지 유치점유"하고 있다고 적혀 있습니다.

둘째, 법원경매기록 중 집행관이 제출한 2022년 12월 21일자 『부동산의 현황 및 점유관계조사서』에 따르면 "채무자의 처는 이 사건 부동산은 자신과 가족들이 점유하고 있으며 다른 임차인은 없다고 진술함"이라고 적혀 있습니다.
위의 기록을 종합해보았을 때 귀하는 경매개시결정 이전부터 점유하고 있지 못함이 기록과 서류로 입증되었습니다.

셋째, 대법원판례(대법원 2005.8.19. 선고 2005다22688)에 따르면
채무자 소유의 건물 등 부동산에 강제경매개시결정의 기입등기가 경료되어 압류의 효력이 발생한 이후에 채무자가 위 부동산에 관한 공사대금 채권자에게 그 점유를 이전함으로써 그로 하여금 유치권을 취득하게 된 경우, 그와 같은 저유의 이전은 목적물의 교환가치를 감소시킬 우려가 있는 처분행위에 해당하여 민사집행법 제92조 제1항, 제83조 제4항에 따른 압류의 처분금지효에 저촉되므로 점유자로서는 위 유치권을 내세워 그 부동산에 관한 경매절차의 매수인에게 대항할 수 없다 할 것이다.

(2) 견련관계
귀하께서 진정한 유치권자라면 유치권신고서에 공사업자로서 사업자등록증이 있어야 하고, 도급계약서에 의하여 공사내역과

총 공사대금과 지급받은 금액 그리고 미수금채권이 기재되어 있어야 하며, 부가가치세법에 의한 세무서에 세무신고가 되어야 합니다.

한 개인으로서 타일 및 내장공사 명목으로 다세대주택 1세대에 대하여 6,400만원의 공사를 하였다는 것은 상식선에서 납득하기 힘들며, 2022년 12월 5일에 경매개시결정등기가 되었음에도, 2023년 4월부터 방 한칸을 점유했다고 신고하고, 경매 3차 기일이 지난 2023년 9월 6일 자에 유치권신고를 한 것은 통상적인 방법이라고 이해하기 어렵습니다.

6. 허위유치권에 대한 법적조치
(1) 형사적 대응
허위유치권자로 판명되면 형법상의 여러 가지 범죄에 해당될 수 있습니다.
① 형법 제315조(경매,입찰의 방해) 위계 또는 위력 기타 방법으로 경매 또는 입찰의 공정을 해한 자는 2년 이하의 징역 또는 700만원 이하의 벌금에 처한다.
② 형법 제231조(사문서위조 및 동행사죄)
③ 형법 제347조(사기)

(2) 민사적 대응
① 인도명령과 강제집행 등에 발생한 비용청구
② 인도거절에 대한 임대료 등 비용 및 손해배상 청구

③ 변호사선임에 따른 비용청구

7. 결론

공사비 채권의 미변제로 고통을 겪고 계시는 점에 대하여 심히 유감스럽게 생각합니다.

그렇지만 위에서 언급한 것처럼 귀하께서 경매개시일인 2022년 12월 5일 이후인 2023년 4월경에 점유했다고 유치권신고서에 신고한 점, 집행관현황조사서 2022년 12월 21일 자에 채무자 가족 전부가 거주한다는 점 등을 종합적으로 고려해볼 때 경매개시결정 전부터 귀하께서 점유하지 못하여 대법원판례에서 적시한 것처럼 경매입찰의 매수인에게 대항할 수 없어 유치권이 성립되지 않습니다.

아무쪼록 빠른 시일 내에 유치권포기신고서를 법원에 제출하여 법적 소송 등의 마찰 없이 원만하게 해결되기를 소망합니다.

첨부
1. 부동산현황 및 점유관계 조사서 1부
1. 유치권신고서 사본 1부
1. 대법원판례(2005다22688판결) 1부

2023년 10월 28일

최고가매수인 박○○ (인)

05 명도

이 경매사건에서 핵심 권리분석 부분은 유치권 해결과 임차인 명도였다.
유치권은 유치권포기신고서가 법원에 제출되었기 때문에 명도 문제가 없었고, 남은 것은 임차인 명도문제만 남아 있었다.

통상 잔금납부와 동시에 미리 작성해두었던 임차인에 대한 인도명령신청서를 제출한다. 그런데 임차인 김○○씨와도 낙찰 후 며칠 지나지 않아서 연락해서 이사비용을 협의했던 터라 잔금납부일에 인도명령서를 제출하지 않았다. 임차인 스스로도 예전에 주소 이전도 다른 곳으로 하였을 뿐만 아니라 대항력이 없음을 스스로 인정하였기에 괜히 기분을 거슬리고 싶지 않았다.
두세 번의 협상을 거쳐 이사비용을 치르고 명도를 완료했다.

경매에 입문하여 명도문제에 부딪히기 힘들어 경매업계를 떠난다는 말을 듣곤 했다. 하지만 인생살이에서 이 정도의 어려움이 없이 경제적 소득을 얻기는 어느 분야에서든 쉽지 않을 것이다. 물론 개인적인 성향 차이는 있겠지만 말이다.

제2장　교회경매

01 물건검색
02 현장답사
03 권리분석
04 입찰계획
05 부실채권(NPL) 매입
06 낙찰
07 잔금납부와 배당
08 명도
09 법원문건접수처리내역
10 경매진행절차 요약

제2장 교회경매

01 물건검색

교회를 경매로 낙찰 받는다는 것

교회를 경매로 낙찰받는다고 하면 좀 낯설게 느껴질 수도 있다. 언뜻 생각해봐도 신성한 교회를 부동산거래 그것도 경매의 대상이 된다는 것이 이해가 되지 않을 수 있다.

필자는 첫 경매입찰 대행을 하여 낙찰을 받았던 것이 교회였다. 그땐 아무런 궁금증이나 의구심을 느낄 여유도 없이 회사 대표님의 지시로 경매입찰 대행을 하였던 터였다. 그땐 아무런 문제도 없이 낙찰을 받고 소유권이전등기를 한 뒤 명도를 하였다.

2022년 10개 정도의 교회가 경매로 나온 적이 있다. 부동산의 관점에서만 보면 지리적 위치나 면적 등이 상당히 매력적이다. 2개는 낙찰되었으나 매각불허가결정이 내려졌고, 나머지는 유야무야 경매가 취하되어 사실상 경매로 나온 교회를 취득할 수 없었다.

그렇다면 시중에 나와 있는 교회 경매물건들은 낙찰을 받아도 취득할 수 없는 것일까? 그리고 필자가 처음 입찰대행하여 받았던 교회는 어떻게 취득하였을까?

결론적으로 교회라는 부동산을 경매로 취득할 수 있는 것이 있고 취득할 수 없는 것이 있다. 그 구분은 교회 관련 부동산이 재단법인의 정관에 기본재산으로 등록돼있느냐가 관건이다.

민법 제32조, 제40조 제4호, 제42조 제2항 등에 의하면 재단법인은 정관에 법인의 자산에 관한 규정을 두어야 한다. 이렇게 재단법인의 기본재산으로 편입된 재산은 재단법인을 유지하기 위한 최소한의 장치를 둔 것이라 할 수 있다. 기본재산 처분을 위한 주무관청 허가는 채권자, 또는 최고가매수인이 신청하는 것이 아니라 소유자인 재단법인이 주무관청에 신청하는 것으로 되어있는데 노회유지재단 이사회가 기본재산을 처분하겠다는 허가 신청서를 주문관청에 제출할 가능성이 희박하기 때문에 경매로 매각될 가능성은 거의 없다.

특히 낙찰을 받고 7일 이내 매각허가결정이 내려지는데 법원은 주무관청 허가를 받아오지 못하면 매각불허가결정이 내려진다고 매각물건명세서에 게시를 하고있는 경우가 대부분이어서 그 짧은 기간 내에 주무관청의 허가를 받는다는 것은 사전에 다 정지작업을 해놓지 않는 한 불가능하다고 생각된다.

이와 유사한 사례로 이른바 공익재단이라는 것들이 있는데 교회, 사찰, 병원, 학교 등의 재산이 경매로 나와 낙찰받고자 한다면 같은 논리를 가지고 있기 때문에 이러한 점들은 유의해야 한다.

이러한 재단소유의 일부 부동산에 대하여는 낙찰을 받는다고 해도 주무관청 허가를 받지 못한다면 매각불허가결정이 내려지고 최고가매수인은 입찰보증금을 몰수당할 수 있기 때문이다.

다니던 교회를 LH에 수용당해 다른 교회를 경매로 낙찰받기로 했다.

알고 지내던 후배가 연락이 와서 교대역 근처에서 만났다. 자기가 다니고 있던 교회를 LH에서 그 일대를 아파트개발사업을 하려고 수용을 하였다는 것이다. 그 후배는 교회에서 재무이사를 맡고 있어 자기의 업무인지라 급하게 이사 가야 할 교회를 알아봐야 하는데 필자가 생각이 나서 찾아왔다는 것이다. 새롭게 성전을 건축하는 것은 시간상 너무나 많은 시간이 소요되고, 수용보상금으로 경매를 통하여 구입하면 신속하기도 하고 저렴하게 구할 수 있다는 판단에서라는 설명이었다.

필자로서는 너무도 반가운 일이었다. 경매업계 입문해서 처음 낙찰받은 것이 교회였고 또 다른 교회 낙찰 경험이 있었던 터라 그리 어려운 일이 아니었다.

제4편
부동산경매 실전사례

또한, 필자를 찾아준 것이 너무도 고마운 일이다. 내가 필요하여 찾아준다는 것이 얼마나 고마운 일인가? 나이가 조금씩 들어갈수록 나를 필요로 해서 오는 연락이 줄어든다.

그 뒤 교회 재무이사인 후배와 필자는 교회를 경매로 낙찰받는 계획을 세워놓고 자주 연락하게 되었고 그리 오래되지 되지 않아 업무에 착수하게 되었다.

사설 경매사이트를 통해서 조건검색을 하여 찾는다. 지역, 물건의 종류, 가격 등 조건을 입력하고 검색을 하면 된다.

고양9계 2015 타경 6544 종교시설

사건내용

항목	내용	항목	내용
관심물건	[사례] 메모: 일산교회		수정
소 재 지	경기 고양시 일산동구 중산동 13-2 (10319)경기 고양시 일산동구 약산길 49		
경매구분	임의경매	채 권 자	믿OOO
용 도	종교시설	채무/소유자	희OOO / 기OOOOOOOOOOOO	매각기일	16.03.30 (2,853,000,000원)
감 정 가	3,925,656,400 (15.04.22)	청 구 액	2,467,246,978	종국결과	16.05.17 배당종결
최 저 가	1,923,571,000 (49%)	토지면적	1,227.0㎡ (371.2평)	경매개시일	15.03.05
입찰보증금	192,357,100 (10%)	건물면적	2,025㎡ (612.7평)	배당종기일	15.06.01
조 회 수	· 금일조회 1 (0) · 금회차공고후조회 213 (41) · 누적조회 995 (170)		()는 5분이상 열람 조회통계

02 현장답사

필자의 경우 물건검색을 마치고 나면 권리분석을 하고 권리에 큰 문제가 없으면 그다음에 현장답사를 하는 것이 일반적인 루틴이다.

왜냐하면, 현장답사를 먼저하고 권리분석을 나중에 하면 현장답사를 하여 마음에 드는 물건이 있더라도 권리에 문제가 있어 입찰을 포기하게 되어 현장답사를 한 하루가 아깝게 버리기 때문이다.

그런데 이번의 경우는 물건을 찾자마자 구입하려는 교회의 재무이사인 후배와 현장답사를 먼저 실시했다. 교회라는 특수성이 중요시되었기 때문이다. 교회의 규모가 성도 숫자와 맞아야 되고, 이전교회의 소재지가 서울 수색이었는데 이사가야 할 교회가 지리적으로 너무 멀지 않아야 하고 교회의 규모 그리고 성도들의 교통 접근성 등이 맞아야 하기 때문이다. 이번의 경우는 필자의 의견보다는 교회 재무이사인 후배의 의견이 중요하다고 할 수 있었다.

경매물건검색을 통하여 찾아낸 교회는 경기도 고양시 일산동구 중산동에 있는 교회였다. 정발산 대규모 아파트단지에서도 멀지 않았고, 주변이 아파트와 단독주택 등 주택가와 음식점 등이 형성되었고 큰 도로에서도 멀지 않아 교통상으로도 양호하였다.

교회 건물이었기에 기본적으로 교회의 특수성을 반영한 부동산이었다. 즉, 지하 및 지상의 주차장이 넓었고, 외관도 나름 양호하였다.
그런데 낙찰받고 내부에 들어가 보고서 알게 된 일이지만 외관과는 달리 건축된 지가 7년이 넘지 않았음에도 불구하고 날림공사의 여파로 입주 후에 내부수리비용이 꽤 많이 소요되었다고 들었다.

교회를 둘러본 뒤 교회 주변에서 후배와 식사를 하였다.
후배가 현장 답사한 결과를 사진 등을 포함하여 핸드폰으로 목사님께 보내드리며 보고 드렸는데, 목사님께서는 후일 와 보시겠다고 말씀하셨지만, 대체적으로 마음에 든다고 하셨다.
둘은 식사를 마치고 며칠 후에 다시 만날 약속을 하고 헤어졌다.

03 권리분석

교회물건이라는 특성상 ①매각허가결정을 받을 수 있는지 ②입찰자로서 교회가 갖추어야 할 준비서류 ③주택임대차보호법상 임차인의 대항력 및 명도 ④상가건물임대차보호법상 임차인의 대항력 및 명도 ⑤부합물 및 종물로서 목양실, 교육관, 소예배실의 매각포함여부 ⑥교회 옆 구거 매각제외 그리고 ⑦부실채권(NPL) 양수도 문제 등이다.

1. 매각허가결정 여부

서두에서도 언급하였듯이 2022년도 10개 정도의 교회가 경매로 나왔다가 8개는 취하되었고, 2개가 낙찰되었으나 그 2개마저도 매각불허가결정을 받았다. 그 이유는 교회가 정관에서 정한 바대로 노회의 기본재산으로 처분할 수 없다는 이유이다.

그렇다면 필자가 경매를 시작하고 처음으로 낙찰받았던 교회는 어떻게 매각허가결정이 났을까?

후에 알게 된 일이지만 교회라는 부동산에 근저당권이 설정되었다면 이것은 근저당권 설정행위가 처분행위에 해당되므로 이미 기본재산의 처분이 허락된 것이어서 경매로 매각허가결정을 받을 수 있는 것이다.

이 교회는 믿음신용협동조합에서 대출을 받았고 근저당이 설정되었던 상태여서 매각허가결정이 내려지는 데는 아무 문제가 없었다.

■ 관련 대법원판례
(1) 대법원 1984.12.1. 84마591
공익법인의 설립, 운영에 관한 법률 제2조에 의하면, 이 법은 재단법인 또는 사단법인으로서 사회 일반의 이익에 공여하기 위하여 학자금, 장학금 또는 연구비의 보조와 지급, 학술, 자선에 관한 사업을 하는 법인(이하 "공익법인"이라 한다)에 대하여 적용한다고 되어있고, 같은 제11조에 의하면 공익법인의 재산은 대통령령이 정하는 바에 의하여 기본재산과 보통재산으로 구분하여 기본재산은 그 목록과 평가가액을 정관에 기재하여야 하며, 공익법인이 기본재산을 매도, 증여, 임대, 교환 또는 용도변경을 하거나 담보로 제공함에는 주무관청의 허가를 받아야 한다고 규정되어 있는바, 기본재산의 처분제한에 관한 위 법 제11조의 규정은 같은 법 제1조의 입법목적에 비추어 강행규정이라 할 것이고 이는 기본재산을 임의 처분하는 경우뿐만 아니라 이 사건과 같은 강제경매에 의한 처분의 경우에도 마찬가지로 적용된다 할 것이다.

(2) 대법원 1999.10.22. 97다49817
"전통사찰보존법상의 경내지 사찰 등을 대여·양도·담보제공 등 처분행위를 함에는 문화체육부장관의 허가를 받게 되어있고 이에 위배되는 처분은 무효로 한다고 규정하고 있는바, 그 처분행위가 강제경매 절차의 한 경우라고 하더라도 달리 볼 것은 아니다"라고 판결한 바 있다.

(3) 대법원 1993.7.16. 93다2094
사회복지법인과 전통사찰·학교법인·의료법인 등이 소유한 부동산은 해당 법률 규정에 따라 주무관청의 허가 없이 매각허가 결정이 확정되어 잔금을 완납했다고 하더라도 그 대금납부는 효력이 없으며 매수인은 소유권을 취득할 수 없다.

반면에 담보권실행을 위한 임의경매사건이라면 담보설정을 위해 관할청의 허가를 받은 경우에는 낙찰 후 다시 관할청의 허가를 받을 필요가 없다고 판시하였다.

■ 공익법인 경매참여시 유의사항

사회복지법인과 전통사찰·학교법인·의료법인 이른바 공익법인 등이 소유한 부동산을 경매로 취득하고자 한다면 다음과 같은 사항을 유의하여야 한다.

(1) 매각조건에 주무관청의 허가 여부에 대한 사항이 기재되어 있는지 살펴본다.
(2) 특별매각조건으로 주무관청의 허가가 필요하다고 기재되어 있으면 입찰 전 주무관청의 허가 여부를 문의해 본다.
(3) 해당 부동산에 저당권이 설정되었다면 이미 저당권설정 당시 주무관청의 허가가 있었던 것으로 간주하여 별도의 주무관청의 허가가 필요 없으므로 입찰해도 된다.
(4) 사찰은 전통사찰의 경우에 한하여 적용되는 것으로 종단에 전통사찰 여부에 대하여 문의해보거나 종단 인터넷홈페이지에 공고되어 있으니 검색하여 참고하면 된다. 즉 개인사찰의 경우 주무관청의 허가를 요하지 않는다.

2. 입찰자로서 교회 준비서류

비법인사단인 교회가 입찰에 참여할 경우 입찰서작성에 각별히 유의해야 한다. 입찰서류 및 부대 제출서류는 입찰보증금, 정관, 회의록, 대표자확인증명서, 신분증, 교회직인 등인데 이 중에서 특히 회의록 작성에 신경을 써야 한다.

정관의 내용을 꼼꼼히 살펴보아 정관에서 교회의 부동산을 포함한 재정에 관한 행위를 할 수 있는 주체를 정한 경우 꼭 정관에서 정한 주체가 작성한 부동산경매 참여에 관한 회의록을 첨부서류로 제출되어야 한다는 점을 유의하여야 한다.

실무적으로 입찰 며칠 전에 해당 관할법원 소속 집행관사무실에 전화하여 교회가 입찰자로서 갖추어야 할 준비서류를 확인해보았고, 몇 번씩이나 준비서류를 확인하였다.

3. 주택임대차보호법상 임차인의 대항력 및 명도

이 경매물건의 말소기준권리는 2013년 07년 17일에 설정된 믿음신용협동조합의 근저당권이다.

그런데 임차인으로 등재된 김○○은 2009년 08월 14일 전입신고되었으나 확정일자는 없었고 배당신청도 하지 않은 상태였다.
외견상으로는 말소기준권리보다 선순위여서 임차인 김○○의 임차보증금은 낙찰자의 인수사항이므로 심층 분석대상이었다.

후술할 부실채권(NPL)을 인수하는 과정에서 믿음신협의 서류를 검토하던 중에 알게 된 것이었는데 대출 당시 믿음신협의

현황조사보고서에 의하면 "김○○은 당해 교회의 담임목사로서 전입신고는 하였으나 보증금 없이 무상임대차로 거주하고 있다"라고 기술되어 있었으며 "무상거주확인서"가 작성되어 비치되어 있었다. 또한, 김○○은 근저당권설정 당시 채무자였다. 잔금납부 후 김○○을 피신청인으로 하여 인도명령결정을 받았고, 명도하는데는 아무런 문제가 없었다.

4. 상가건물임대차보호법상 임차인의 대항력 및 명도

해당 교회 1층에는 ○○어린이집이 2013년 1월부터 입주하여 보증금 5천만원에 월세 150만원으로 운영하고 있었다. 사업자등록은 하지 않은 상태였다.

대항력이 없는 임차인이며 정확히는 사업자등록을 하지 않은 상태여서 임차인으로서의 자격을 갖추지 못한 상태로 당연히 낙찰자로서 인수할 보증금은 없었고, 배당을 한 푼도 받을 수 없는 상태였지만 이렇게 배당을 받지 못하는 임차인은 낙찰자로서 부담스러운 존재일 수밖에 없다. 전 소유자인 교회가 임대인이고 ○○어린이집은 임차인인데 다 떼어버린 보증금을 낙찰자에게 호소하기 때문이다.

다행히도 월세를 한동안 지급하지 않아서 조금이나마 보증금 회수의 손실을 보전하였고, 은혜로운 낙찰받은 목사님의 지시로 이사비를 넉넉히 주고 명도를 마칠 수 있었다.

5. 부합물 및 종물로서 목양실, 교육관, 소예배실의 매각포함 여부

이 경매사건의 부합물과 종물로서 목양실, 교육관, 소예배실은 매각에 포함되었을까? 그리고 예배당에 있는 걸상이나 스피커 등은 매각에 포함되었을까?

법원경매정보나 감정평가서 그리고 사설 경매정보지 등에 "제시 외 물건"이란 용어가 나온다. 이 용어는 감정평가업계의 용어로 낙찰받은 경매부동산의 매각에 포함되느냐와 관련하여 문제가 자주 발생한다.

예를 들어 모텔을 낙찰받았는데 모텔 안에 있는 에어컨, 티브이, 침대 등 집기류의 낙찰 여부이다.
낙찰을 받았다면 낙찰자로서 추가비용이 들어가지 않겠지만, 낙찰을 받지 못하였다면 집기류 등을 추가로 구입하는 비용이 들어갈 것이다. 모텔이나 사우나, 교회, 아파트 등 경매에서 자주 등장하는 경우에 해당되는 이야기이다.

결론적으로 매각부동산에 딸린 제시 외 물건이 부합물과 종물에 해당되면 매각된 것이고, 부합물과 종물에 해당되지 않으면 매각에 포함되지 않은 것이다.

이 경매사건의 부합물과 종물로서 목양실, 교육관, 소예배실 등의 제시 외 물건은 부합물 내지 종물에 해당되어 매각에 포함되었다.

낙찰된 후 명도협상 과정에서 전 소유자인 교회 측에서는 무단 증축된 목양실 등은 대출받을 당시 담보대상이 아니었기 때문에 경매로 낙찰된 것이 아니니 추가로 비용을 내고 매입해가라고 주장하였다.
필자가 그것들은 부합물과 종물로 이미 경매 감정평가에 포함되었기에 매각에 포함되어 낙찰된 것이라 설명을 몇 번이나 해도 막무가내로 나와 대화가 힘들었다. 교회 측의 주장에도 불구하고 무난하게 명도되었고, 취득하는 데는 아무런 문제가 없었다.

그리고 예배당에 있는 걸상이나 대형 스피커 등은 매각에 포함되었을까?
앞에서도 기술하였듯이 부합물이나 종물에 해당되면 취득하는 것이고, 해당되지 않으면 취득하지 못 하는 것이다.
걸상은 유체동산으로 이동이나 운반이 가능하고 독립된 거래의 대상이 되기 때문에 부합물이나 종물에 해당되지 않아 취득할 수가 없었고, 대형 스피커는 부착되어 감정평가에 포함되지 않았다 하더라도 부합물로 취급되어 취득할 수 있었다.

제4편
부동산경매 실전사례

04 입찰계획

물건검색, 현장답사, 권리분석을 마치고 난 후 경매 매입자의 주체인 목사님께 중간보고를 드리려고 만났다.
그동안 조사했던 사항을 조사보고서를 작성하여 매입할 교회의 목사님께 설명해 드렸다.

조사보고서의 내용으로는 ①매각허가결정을 받을 수 있는지 ②입찰자로서 교회가 갖추어야 할 준비서류 ③주택임대차보호법상 임차인의 대항력 및 명도 ④상가건물임대차보호법상 임차인의 대항력 및 명도 ⑤부합물 및 종물로서 목양실, 교육관, 소예배실의 매각포함여부 ⑥교회 옆 구거 매각제외 ⑦부실채권(NPL) 양수도 문제이다.

1. 매각허가결정을 받을 수 있는지
교회임에도 불구하고 근저당권 실행을 위한 임의경매사건이므로 이미 처분행위에 대한 허가 있었으므로 매각허가결정이 나는데 문제없다는 점

2. 입찰자로서 교회가 갖추어야 할 준비서류
집행관사무소를 통하여 알아본 내용을 토대로 입찰 준비서류 목록을 작성하여 제시함

3. 주택임대차보호법상 임차인의 대항력 및 명도

경매대상 교회에 상주하는 목사님 개인 거주공간으로 전입신고는 하였으나 무상거주확인서가 있으므로 추가로 인수할 임대보증금이 없다는 점

4. 상가건물임대차보호법상 임차인의 대항력 및 명도
○○어린이집은 세무서에 사업자등록을 하지 않아서 상가건물임대차보호법상 임차인의 지위에 있지 않으므로 인수권리가 없다는 점

5. 부합물 및 종물로서 목양실, 교육관, 소예배실의 매각포함 여부
감정평가에 포함된 무단 증축된 목양실 등은 제시외 물건으로 부합물 내지 종물이므로 취득에 문제가 없음

6. 교회 옆 구거 매각제외
교회 옆에 길게 구거가 있었는데 교회 소유로 되어있으나 대출시 담보대상이 아니어서 경매 매각대상에 포함되지 않아 경매로 취득할 수 없지만, 실제로도 구거로 활용되고 있어 추가로 매매로 취득하지 않아도 교회 운영에 지장이 없다는 점

7. 부실채권(NPL) 양수도 문제
경매신청채권자인 믿음신협의 근저당권이 경매신청 후 일정 기간이 지나 최○○로 양수도 되어있으나, 그 근저당권을 재양수도 받아 채권자로서 경매입찰에 참여한다면 낙찰 가능성이 더

높으며, 더 큰 수익이 있다는 점

위와 같은 내용을 보고서와 함께 차분하게 매수 예정 교회 목사님께 설명해 드렸더니 부동산에 문외한인 목사님께서는 대번 이해하시고, 그 자리에서 입찰을 결정하셨다.

05 부실채권(NPL) 매입

이 경매사건의 경매신청채권자는 근저당권자인 믿음신용협동조합이었는데, 2015년 03월 10일 경매신청되었으나, 부실채권의 조기 회수를 위해 할인한 금액으로 근저당권을 양도하여 채권을 매각하였다.

믿음신용협동조합으로부터 근저당권을 2015년 09월 02일 최○○이 양수받았다. 최○○은 채권양수도 통하여 양도차익을 얻는 NPL 전문가였다.

이번 경매입찰에서는 채권양수도를 통하여 낙찰받기로 계획을 세웠던 터라 최○○와 몇 번의 협상을 거쳐 2016년 03월 09일 대한예수교장로회○○앞으로 근저당권을 양수받아 법원에 채권자변경신고서를 제출하였다.

참고로 현재는 은행이 가지고 있는 근저당권 이전을 통한 채권

양수도는 개인이나 등록되지 않은 법인이나 등이 양수받는 것은 금지되어 있다.

앞서 기술한 대부업 등록 및 금융이용자보호법에 관한 법률시행령 개정(2016.07.25.)이 되기 전에 이루어졌던 일이라 개인이나 등록되지 않은 법인 등 양수인의 자격 제한 없이 가능한 일이었다.

현재는 일정 기관이나 매입추심업자로서 금융위원회에 등록한 대부업자여야 한다.
물론 개인이 권리자인 근저당권 이전은 가능하다.

06 낙찰

근저당권을 이전받은 뒤 근저당권자로서 법원에 채권자변경신고서를 제출함과 동시에 경매속행신청서를 제출하였다.
2016년 03월 31일 경매법정에 들어섰다. 법정에 사람들로 자리를 메꾸고 서 있는 사람도 꽤 있었다.

근저당권을 이전받아 입찰에 참여하게 되면 평소 입찰과는 달리 마음이 꽤 편안한 상태이다. 왜냐하면, 근저당권의 채권인 대출금액 원금과 배당받을 시점까지의 연체한 이자증가분을 계산한 합계액으로 입찰금액을 적어내기 때문에 입찰금액이 타인들에 비하여 현저히 높은 금액이기 때문에 낙찰 성공률이 높다. 설령 패찰되더라도 우리보다 더 높은 가격을 적어 낸 사람이 있다는 뜻이고, 그리하면 채권자로서 채권을 할인하여 매입한 원가가 낮은 금액이기 때문에 큰 차익에 해당되는 금액을 배당받을 수 있기 때문에 어떤 경우에도 유리한 경우이다.

개찰결과 이변이 없이 최고가매수인으로 선정되었다. 2명이 응찰하였는데, 낙찰자조서를 작성하고 법정을 빠져나오는데 패찰자가 기다리고 있다가 잠시 할 말이 있다고 하였다.
들어보니 이 경매부동산에 낙찰을 받아 요양원을 하려고 설계까지 하였다고 도면을 보여주면서 웃돈을 줄테니 자기한테 다시 팔라는 것이었다.

경매는 공매와는 달리 입찰자 명의변경이 되지 않아 소유권이전등기를 하고 다시 소유권이전등기를 해야 하기 때문에 세금과 등기비용이 2번 들어가게 된다.

하지만 이 사안에서는 가능한 일이 아니었다. 다니고 있던 교회가 LH에 수용을 당해 빠른 기간 내에 성전을 이전해야 할 상황이었고 또한 교회가 부동산을 경매로 취득하여 매매차익을 위해 다시 되파는 일은 거의 없을 것이다.

07 잔금납부와 배당

1. 상계신청서 제출

2016년 3월 30일 낙찰을 받고 바로 다음 날인 2016년 3월 31일에 법원에 상계신청서를 제출하였다. 채권자가 낙찰을 받으면 채권자로서 배당받을 채권액에 해당되는 금액과 낙찰금액을 비교하여 배당받을 채권액이 남으면 잔여액을 배당하고, 부족하면 차액만큼만 잔금을 지급하면 된다.

상계신청서가 법원에 제출되면 법원은 심사하여 이상이 없다면 상계신청을 받아들인다. 상계신청이 수리되면 따로 잔금납부기한을 지정하지 않고, 잔금납부기일과 배당기일을 같은 날짜로 지정하여 처리하게 된다.

2. 잔금납부와 배당기일

2016년 5월 17일 채권자로서 낙찰자로서 배당법정에 참여하였다. 근저당권 등기권리증을 지참하여 소명하고 탈 없이 마무리하였다.

배당법정에서는 당해 배당사건을 포함하여 몇 개의 사건이 동시에 처리되는데 하나의 사건을 처리하면서 배당판사가 하나의 사건번호를 부르고 간략하게 설명한 다음 이의신청할 분 있느냐 하고 물어보고, 이의가 없으면 당해 사건을 종료하고 순식간에 처리된다.

제4편
부동산경매 실전사례

08 명도

1. 협상의 결렬

2016년 5월 17일 잔금납부를 하고, 법원을 나와서 즉시 경매현장에 갔다. 통상 잔금납부 동시에 부동산인도명령을 신청하는 것이 일반적임에도 불구하고 낙찰받은 부동산이 교회라는 특수성이 있어서 가능하면 대화로 해결하기 위해 인도명령신청을 하지 않았다.

교회에 도착하니 마침 경매를 당했던 교회 목사님이 계셔서 교회 안으로 들어갔다.
 2층 예배실 앞 휴게 탁자에 앉아 경매당한 목사님과 낙찰받고 새로운 소유권을 취득한 교회의 목사님 그리고 재무이사인 후배와 필자 넷이서 구체적인 명도 협의를 시작하였다.

협의 결과는 부결이었다. 교회가 낙찰되었으니 경매에서 제외된 구거를 본인들은 필요가 없으니 교회 소유로 있는 구거를 4억원에 매매로 사가라는 조건이었다. 담장 밑 교회 경계 밖에 있는 구거를 굳이 살 필요가 없었고, 그 매매금액도 공시지가 2천여만원 정도 하는 것을 4억원이라는 막대한 자금을 투여할 수도 없었다.

그 뒤 다시 한번 협상테이블에 앉았지만, 결과는 같았다. 교회라는 특수성 때문에 잔금납부와 동시에 인도명령신청을 하는 관행을 깨고 인도명령신청도 하지 않고 협상에 나섰지만 시간 낭비만 한 셈이 되었고, 하는 수 없이 강제집행을 하는 쪽으로 결정을 하고 강제집행준비에 착수하였다.

2. 강제집행 실시

강제집행절차는 상당히 시간도 많이 걸리고 절차도 복잡하다. 하지만 명도에 협상이 되지 않으면 법적으로 강제집행을 하는 수밖에 없다. 물론 기술적으로는 강제집행절차와 협상을 병렬적으로 하는 것이 효율적이다.

당해 사건의 경우 상대가 워낙 완고하게 나오는 바람에 더 이상의 협상은 무의미하다고 생각하여 강제집행절차를 가능하면 신속하게 하여야 했다. 왜냐하면, LH에 수용당한 교회를 빨리 비워달라는 독촉을 받고 있어 빨리 입주해야 할 입장이었다.

실무적으로 강제집행 절차는 우선 담당 법원에 인도명령결정을 받고, 법원 내부에 있는 집행관사무소에서 인도명령결정 정본과 송달증명원을 첨부하여 집행문을 부여받는다. 그런데 채무자가 송달을 고의적으로 받지 않아 다시 송달절차를 밟았다.

집행관사무소에서 집행문을 부여받아 강제집행신청을 한다. 담당 배정 집행관이 강제집행일자를 잡아 주는데 대개는 강제집행을 하기 전에 강제집행 예고를 하며 현장에서 계고장을 붙인다.

제4편
부동산경매 실전사례

계고장을 붙이고 나면 며칠 내 낙찰자 쪽으로 연락이 와서 다시 협상을 하는 경우가 많은데 이번의 경우는 전혀 연락이 오질 않았다.

교회라는 특수성이었는지 강제집행신청을 한 지 꽤 많은 시간이 흘렀음에도 집행일자가 나오지 않아 기다리다 못해 장로님들을 비롯하여 많은 성도들이 집행관사무소에 방문하여 자초지종을 물어보고 항의를 한 결과 집행날자를 잡을 수 있었다. 담당 집행관도 교회의 명도 저항이 불편했는지 일정을 미루었던 것 같다.

드디어 명도하는 날이 다가왔다. 혹여 교회의 성도들이 나와서 강제집행을 방해하면 어떡하나 걱정도 했었는데 아예 한 사람도 보이지 않았다. 이유는 정확히 모르지만 성도들에게 인심을 잃은 것이 아닌가 추측해 본다.

낙찰자 쪽 입회인 2명이 필요해 필자와 교회 재무이사인 후배가 입회하여 서명하였다. 집행관이 집행선언을 하였다. 5톤 탑차 30여대가 미리 와서 대기하고 있었고, 미리 집행관사무소에서 연락한 열쇠 전문가가 와서 대문에 잠겨 있는 열쇠를 따는 동시에 새로운 열쇠로 교체하였다.

2층으로 올라가 중문들도 하나씩 잠금장치가 해체되면서 인부들이 집기들을 하나둘씩 들고 나가 5톤 탑차에 실었다. 잠시 후 2층 주거공간에서 중년 여성이 나오더니 목사님 사모님이라 소개하고 책임자를 찾고 있다고 이야기하길래 필자가 만나 이야기를 나누었다.

지금 목사님은 외부에 계셔서 본인이 직접 부탁할 일이 있는데 주거공간에 있는 살림살이는 집행에서 제외시켜 달라는 것이었다. 약 40평 정도 되는 공간이다 보니 살림살이도 꽤 많아 보였다.
명도에 관한 협상이 이루어지지 않았는데도 집행에서 제외시켜 양평에 있는 주택으로 옮길 수 있게 해달라는 것이었다.

하지만 그것은 쉽게 결정할 문제가 아니었다. 강제집행을 하기 위해서는 이미 집행비용을 집행관사무소에 예납했을 뿐만 아니라 추후에 강제집행 후 창고에 보관된 집기를 찾아가야 창고보관비용이라도 일부 받을 수 있다. 더욱 큰 부담은 당장 짐들을 가져가지 않으면 강제집행을 하루에 마감을 하지 못하고, 다시 다른 날 집행을 할 수도 있는 상황이 발생할 수도 있기 때문에 그리 쉽게 허락할 수가 없었다.

일단 주거공간을 제외하고 강제집행은 순탄하게 진행되고 있었다. 날은 추석 이틀 전 있었는데 점심때부터 차가운 가을비가 내리기 시작하였다. 점심식사로 자장면과 짬뽕을 시켜 먹고 잠시 휴식 후 다시 집행절차는 재개되었다.

제4편
부동산경매 실전사례

목사님 사모님의 품위 있고 예의를 갖춰 부탁한 모습이 눈에 밟혀 무시하고 집행을 계속 진행하다가 마음에 걸려 낙찰받은 교회 목사님께 전화를 드려 사정 이야기를 드렸더니 목사님께서는 한치도 망설임 없이 가재도구 등 살림살이를 집행에서 제외하라는 것이었다. 거기에다가 더욱 놀라운 것은 강제집행을 위해 준비되었던 5톤 탑차를 이용해서 우리의 비용으로 양평까지 이삿짐을 운반해주도록 부탁한다고 필자에게 말씀하시는 것이었다. 명도협상 과정에서 상대의 고집과 막무가내의 태도로 상처를 받으셨을만 한데 목사님께서는 하나님의 사도답게 너그러움과 사랑을 베푸셨다.

강제집행 도중 신경 써야 할 부분이 몇 가지 있는데 두 가지만 소개하기로 한다.

첫째, 건물 내부에서 가지고 나와야 할 물건과 그냥 두어야 할 물건을 구별하고 지시하는 감독관이 한 사람 필요하다. 강제집행으로 들고나와 5톤 탑차에 싣는 물건의 대상은 이동 가능한 물건 즉 동산이다. 부착된 물건은 낙찰로 취득한 것이니 굳이 떼어서 가져올 필요가 없으니 내부에서 꼼꼼히 살펴보고 작업 지시를 하여야 한다.

둘째, 가지고 나온 물건들을 5톤 탑차에 싣는 장소에도 감독관 한 사람이 있어야 한다는 것이다. 운송회사 입장에서는 많은 차량이 동원되어야 수입이 늘기 때문에 대충 싣고 문을 걸어

잠근다. 필자가 보기에는 가정집에서 이삿짐센터를 이용하여 짐을 실을 때와 비교하면 절반 정도 분량을 채우고 문을 걸어 잠그는 것 같았다.

강제집행이 거의 끝나갈 무렵 전 소유자의 목사님이 외출을 마치고 도착했다. 마구잡이로 폭언과 험한 모습을 보여 줬지만, 강제집행은 마무리로 접어들었다.
화단에 식재되었던 수목을 추가비용을 주고 사가라고 하기도 하고, 교회 지붕에 있는 십자가를 추가비용을 달라고 하기도 하는 등 횡설수설하였지만, 굳이 대응하지 않았다. 집행관이 집행종료 선언을 하면서 강제집행은 마무리되었다.
5톤 탑차 30여 대에 싣고 간 짐은 법원과 계약이 되어있는 컨테이너로 옮겨 봉인되었다. 전 소유자에게 몇 번을 통지하여 짐을 찾아가라 하였지만 그럴 의사가 없다고 연락이 와서 유체동산 경매를 통하여 다시 취득하였고 예납비용으로 들어간 금액과 낙찰금액을 비교 정산하여 처리했다. 후에 들어보니 그 물건들은 지방에 재정이 어려운 개척교회에 기부하였다고 한다.

강제집행은 가급적 하지 않은 것이 좋다는 생각이다. 하는 쪽이나 당하는 쪽이나 비용과 시간 그리고 감정의 소모가 크다. 하지만 경매라는 숙명에 스스로 선택할 수 있는 일이 있고, 어쩔 수 없이 해야만 하는 일이 있는 것 같다.

■ 인도명령신청서 (실무사례)

부동산인도명령신청

사건번호 의정부지방법원 고양지원 2015타경6544

신청인(매수인) 대한예수교장로회□□교회 대표자 김□□
주 소 경기도 고양시 덕양구 덕은동 ○○○
연락처 ○○○-○○○○

피신청인(채무자) 김○○
주 소 경기도 고양시 일산동구 중산동 ○○○
연락처 ○○○-○○○○

신 청 취 지

의정부지방법원 고양지원 2015타경6544호 부동산임의경매사건에 관하여 피신청인은 신청인에게 부동산의 표시목록 기재 부동산을 인도하라.
라는 재판을 구합니다.

신 청 이 유

1. 신청인은 의정부지방법원 2015타경6544호 부동산임의경매사건의 경매절차에서 부동산의 표시목록 기재 부동산을 매수한 매수인으로서 2016년 4월 6일에 매각허가결정을 받았고, 2016년 5월 17일에 매각대금을 전부 납부하여 소유권을 취득하였습니다.
2. 그렇다면 위 경매사건의 채무자인 피신청인은 부동산의 표시목록 기재 부동산을 신청인에게 인도하여야 할 의무가 있음에도 불구하고 신청인의 부동산의 표시목록 기재 부동산인도청구에 응하지 않고 있습니다.
3. 따라서 신청인은 매각대금 납부로부터 6월이 지나지 않았으므로 피신청인으로부터 부동산의 표시목록 기재 부동산을 인도 받기 위하여 이 사건 인도명령을 신청합니다.

첨 부 서 류

1. 부동산의 표시목록 1부
1. 무상임대차확인서 부
1. 송달료납부서 1부

2016년 6월 7일

위 신청인(매수인) 대한예수교장로회□□교회 (서명 또는 날인)

의정부지방법원 고양지원 귀중

■ 인도명령결정 정본 (실무사례)

의정부지방법원 고양지원
결   정

정본입니다.
2016.06.28
법원주사보 정은실

사   건   2016타인5   부동산인도명령
신 청 인   대한예수교장로회   교회 (　24- 　15)
　　　　　　 고양시 덕양구 덕은동
　　　　　　 대표자 김

피신청인   고양시 일산동구   층 (중산동)

주   문
피신청인은 신청인에게 별지 목록 기재 부동산을 인도하라.

이   유
이 법원 2015타경6544 부동산임의경매사건에 관하여 신청인의 인도명령 신청이 이유 있다고 인정되므로 주문과 같이 결정한다.

2016. 6. 28.

판 사   박 강 균

※ 각 법원 민원실에 설치된 사건검색 컴퓨터의 발급번호조회 메뉴를 이용하거나, 담당 재판부에 대한 문의를 통하여 미 문서 하단에 표시된 발급번호를 조회하시면, 문서의 위, 변조 여부를 확인하실 수 있습니다.

2016-0072461191-9608D

제4편
부동산경매 실전사례

■ 송달증명원 (실무사례)

의정부지방법원 고양지원
결   정

정본입니다.
2016.06.28
법원주사보 정은실

사   건   2016타인5 부동산인도명령
신 청 인   대한예수교장로회   교회 (24-15)
              고양시 덕양구 덕은동
              대표자 김

피신청인   고양시 일산동구   층 (중산동)

주   문
피신청인은 신청인에게 별지 목록 기재 부동산을 인도하라.

이   유
이 법원 2015타경6544 부동산임의경매사건에 관하여 신청인의 인도명령 신청이 이유있다고 인정되므로 주문과 같이 결정한다.

2016. 6. 28.

판   사   박 강 균

※ 각 법원 민원실에 설치된 사건검색 컴퓨터의 발급번호조회 메뉴를 이용하거나, 담당 재판부에 대한 문의를 통하며 이 문서 하단에 표시된 발급번호를 조회하시면, 문서의 위, 변조 여부를 확인하실 수 있습니다.

2016-0072461191-9608D

■ 집행문 (실무사례)

집 행 문

사　　건 : 의정부지방법원 고양지원　2016타인5　부동산인도명령

이 정본은 피신청인 김　　에 대한 강제집행을 실시하기 위하여 신청인 대한예수교 장로회　　　교회에게 내어 준다.

2016. 7. 18.

의정부지방법원 고양지원

법원주사보　　　이 재 섭　

◇ 유 의 사 항 ◇

1. 이 집행문은 판결(결정)정본과 분리하여서는 사용할 수 없습니다.
2. 집행문을 분실하여 다시 집행문을 신청한 때에는 재판장(사법보좌관)의 명령이 있어야만 이를 내어줍니다(민사집행법 제35조 제1항, 법원조직법 제54조 제2항). 이 경우 분실사유의 소명이 필요하고 비용이 소요되니 유의하시기 바랍니다.
3. 집행문을 사용한 후 다시 집행문을 신청한 때에는 재판장(사법보좌관)의 명령이 있어야만 이를 내어줍니다(민사집행법 제35조 제1항, 법원조직법 제54조 제2항). 이 경우 집행권원에 대한 사용증명원이 필요하고 비용이 소요되니 유의하시기 바랍니다.
4. 집행권원에 채권자·채무자의 주민등록번호(주민등록번호가 없는 사람의 경우에는 여권번호 또는 등록번호, 법인 또는 법인 아닌 사단이나 재단의 경우에는 사업자등록번호·납세번호 또는 고유번호를 말함. 이하 '주민등록번호등'이라 함)가 적혀 있지 않은 경우에는 채권자·채무자의 주민등록번호등을 기재합니다.

제4편
부동산경매 실전사례

■ 강제집행신청서 (실무사례)

<table>
<tr><td colspan="6" align="center">강제집행신청서</td></tr>
<tr><td colspan="6">의정부지방법원 고양지원 집행사무소 집행관 귀하</td></tr>
<tr><td rowspan="3">채권자</td><td>성명</td><td>대한예수교장로회 OO교회</td><td>주민 등록 번 호
(사업자등록번호)</td><td>고유번호</td><td>전화번호</td><td>02-</td></tr>
<tr><td colspan="4"></td><td>우편번호</td><td>□□□-□□□</td></tr>
<tr><td>주소</td><td colspan="5">경기도 고양시 덕양구 덕은동</td></tr>
<tr><td></td><td>대리인</td><td>최OO</td><td colspan="2">전화번호</td><td colspan="2">010-</td></tr>
<tr><td rowspan="3">채무자</td><td>성명</td><td>기독교대한감리회 OO교회</td><td>주민 등록 번 호
(사업자등록번호)</td><td></td><td>전화번호</td><td>031-</td></tr>
<tr><td colspan="4"></td><td>우편번호</td><td>□□□-□□□</td></tr>
<tr><td>주소</td><td colspan="5">경기도 고양시 일산동구</td></tr>
<tr><td colspan="2">집행목적물
소재지</td><td colspan="5">□ 채무자의 주소지와 같음
□ 채무자의 주소지와 다른 같음
소재지 :</td></tr>
<tr><td colspan="2">집행권원</td><td colspan="5">2016타인558 부동산인도명령</td></tr>
<tr><td colspan="2">집행의 목적물 및
집 행 방 법</td><td colspan="5">□ 동산가압류 □ 동산가처분 □ 부동산점유이전금지가처분
□ 건물명도 □ 철거 □ 부동산인도 □ 자동차인도
□ 금전압류 □ 기타(   )</td></tr>
<tr><td colspan="2">청 구 금 액</td><td colspan="5">원(내역은 뒷면과 같음)</td></tr>
</table>

위 집행권원에 기한 집행을 하여 주시기 바랍니다.

※ 첨부서류
1. 집행권원   1통
2. 송달증명서 1통
3. 위임장   1통

20 . . .
채권자 대한예수교장로회 OO교회 (인)
대리인 최OO (인)

※ 특약사항
1. 본인이 수령할 예납금잔액을 본인의 비용부담하에 오른쪽에 표시한 예금계좌에 입금하여 주실 것을 신청합니다.

예금계좌	개설은행	
	예 금 주	대한예수교장로회 OO교회
	계좌번호	

채권자 대한예수교장로회 OO교회 (인)

2. 집행관이 계산한 수수료 기타 비용의 예납통지 또는 강제집행 속행의사 유무를 확인 촉구를 2회 이상 받고도 채권자가 상당한 기간 내에 그 예납 또는 속행의 의사표시를 하지 아니한 때에는 본 건 강제집행 위임을 취하한 것으로 보고 완결처분해도 이의 없음.

채권자 대한예수교장로회 OO교회 (인)

■ 집행비용 예납 (실무사례)

집행관사무소					
접 수 증 (집행비용 예납 안내)					
사건번호			사 건 명		부동산인도
구 분		신 규 예 납	담 당 부		6부
채권자	성 명	대한예수교장로회 ○○교회	주민등록번호 (사업자등록번호)		128-82-*****
	주 소	경기도 고양시 덕양구 덕은동 *****			
채무자	성 명	김	주민등록번호 (사업자등록번호)		
	주 소	경기도 고양시 일산동구 약산길 *****(중산동)			
대리인	성 명	최	주민등록번호 (사업자등록번호)		700520-*******
	주 소	서울특별시 은평구 통일로 *****(불광동,미성아파트)			
	사무원				
납부금액			106,650 원		
납부항목		금액	납부항목		금액
수수료		36,000 원	송달수수료		원
여비		60,000 원	우편료		10,650 원
숙박비		원	기 타		원
노무비		원			원
감정료		원			
납부장소			신한은행		

위 당사자간 부동산인도 사건에 대해 당일 신규 예납 접수되었으므로
위 금액을 지정 취급점에 납부하시기 바랍니다.

2016 년 07 월 18 일
의정부지방법원 고양지원 집행관사무소
집 행 관 양승관

문의전화 : 집행관사무소 031-901-6795 (6부)070-4912-9206
담당자 : 허 010-

법원경매정보(http://www.courtauction.go.kr)에서 회원 가입 후 "나의경매 > 나의동산집행정보"
에서 비밀번호 1233 를(을) 이용하여 추가하시면, 자세한 사건내용을 조회하실 수 있습니다.

※ 납부금액을 당일내에 납부하지 않을 경우, 접수된 사건은 취소될 수도 있습니다.
※ 예납금은 위 납부장소에서만 납부할 수 있습니다.(단, 신한은행은 인터넷뱅킹 납부가능)
　　신한은행 로그인 > 공과금/법원 > 법원 > 보관금 > 집행관보관금 납부
※ 채권자의 주소가 변동될 때에는 2주 이내에 반드시 신고하여야 합니다.
※ 집행권원 : 의정부지방법원 고양지원

제4편
부동산경매 실전사례

09 법원문건접수처리내역

접수일자	접수내용
2015.03.10	등기소 고양등기소 등기필증 제출
2015.03.12	법원 집행관 김현옥 부동산현황조사보고서 제출
2015.03.20	감정인 고건감정평가사무소 감정평가서제출기한연장요청 제출
2015.04.07	교부권자 제천세무서 교부청구서 제출
2015.04.08	감정인 고건감정평가사무소 감정평가서 제출기한 재연장요청 제출
2015.04.17	채권자 믿음신용협동조합 열람및복사신청 제출
2015.04.27	감정인 고건감정평가사무소 회보서 제출
2015.06.29	채권자 믿음신용협동조합 열람및복사신청 제출
2015.09.02	채권자 최○○(변경전 : 믿음신용협동조합) 채권자변경신고서 제출
2015.09.02	근저당권부질권자 믿음신용협동조합 권리질권자신고서 제출
2015.09.02	채권자 최○○(변경전 : 믿음신용협동조합) 환급계좌변경신고서 제출
2015.09.11	채권자 최○○(변경전 : 믿음신용협동조합) 기일연기신청서 제출
2015.12.03	채무자대리인 변호사 김진환 평가보완명령신청서 제출
2015.12.03	채무자 기독교 대한감리회○○교회 소송위임장 제출
2015.12.16	감정인 고건감정평가사 사실조회에 대한 의견서 제출
2016.02.17	채권자 최○○(변경전 : 믿음신용협동조합) 기일연기신청서 제출
2016.03.09	채권자 대한예수교장로회□□교회(변경전 : 최○○) 채권자변경신고서제출
2016.03.09	채권자 대한예수교장로회□□교회(변경전 : 최○○) 경매속행신청서 제출
2016.03.31	채권자 대한예수교장로회□□교회(변경전 : 최○○) 상계신청서 제출
2016.04.28	교부권자 국민건강보험공단 종로지사 교부청구서 제출
2016.05.02	채권자 대한예수교장로회□□교회(변경전 : 최○○) 채권계산서 제출
2016.05.02	교부권자 고양시 일산동구 미체납교부청구서 제출
2016.05.18	소유자 재단법인 기독교대한감리회유지재단 배당표등본 제출
2016.07.07	등기소 고양등기소 등기완료통지서 제출

10 경매진행절차

순번	일자	내용
01	2015.03.05	경매개시일
02	2015.03.12	법원집행관현황조사서 제출
03	2015.04.27	감정평가서 제출
04	2015.09.02	채권자 최○○ 채권자변경신고서제출
05	2015.09.02	근저당권부질권자 믿음신협 권리질권자신고서 제출
06	2015.09.11	채권자 최○○ 기일연기신청서 제출
07	2016.02.17	채권자 최○○ 기일연기신청서 제출
08	2016.03.09	채권자 대한예수교장로회 □□교회 채권자변경신고서 제출
09	2016.03.09	채권자 대한예수교장로회 □□교회 경매속행신청서 제출
10	2016.03.30	매각 최고가매수인 대한예수교장로회 □□교회
11	2016.03.31	채권자 대한예수교장로회 □□교회 상계신청서 제출
12	2016.04.06	매각허가
13	2016.05.02	채권자 대한예수교장로회 □□교회 채권계산서 제출
14	2016.05.17	대금납부 및 배당
15	2016.06.08	부동산인도명령 신청
16	2016.06.09	부동산인도명령 결정(인용)
17	2016.06.18	부동산인도명령결정본 송달
18	2016.07.01	집행문부여, 송달증명원 발급 및 강제집행신청
19	2016.07.11	부동산인도 강제집행 계고장 발부

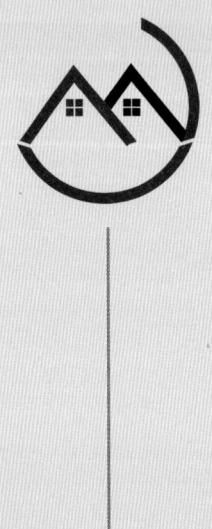

제3장 사우나경매

01 물건검색

02 현장답사

03 권리분석

04 입찰

05 명도

제3장 사우나경매

01 물건검색

화물차 대상 담보대출을 직업으로 하던 친구가 사업으로 벌어들인 비축 자금으로 부동산에 투자하겠다고 필자를 찾아왔다. 그 친구는 경매에 관심이 있어서 사설경매 유료사이트에 가입하여 스스로 물건을 검색하여 물건을 찾아 놓고 필자와 상의를 했다.

제4편
부동산경매 실전사례

서울 양천구 신월동에 있는 사우나시설이었는데 감정가 48억원이나 되는 것이, 최저가 5억원 초반(감정가 대비 11%)까지 떨어져 가격면에 메리트가 있었고 궁금하기 시작하였다.

필자는 먼저 친구에게 이런 이야기를 했다. 어떤 종목의 부동산을 경매로 취득하고자 할 때는 먼저 목적을 설정해야 한다. 즉, 사우나를 ①경매로 매입하여 직접 운영할 건지, ②정리하여 즉시 양도하여 양도차익을 얻고자 하는지, ③정리하여 운영하다가 일정 기간이 지난 다음 양도하여 차익을 얻고자 하는지를 분명히 하고 시작하는 것이 좋다. 왜냐하면, 예산운영이나 조직 등 기본 전략이 달라지기 때문이다.

필자의 말을 듣고 나서 친구가 하는 말이 경매로 낙찰을 받는다면 정리하여 몇 년 운영하다가 적당한 시기에 매각하겠다는 입장이었다. 그런데 사우나시설이 꽤나 컸기 때문에 전문 인력도 필요다고 생각했다.

더욱 경매로 낙찰을 받고 나면 사우나 명도에 비용과 시간이 많이 소요된다는 점과 리모델링을 위한 비용도 별도로 고려해야 한다고 조언하였다.

일단 둘이서 사우나에 가서 내부시설을 점검하기로 하고, 오랜만에 뜨거운 물에 푹 담그려는 마음으로 현장답사를 나섰다.

현장답사에 가기 전에 항상 대강이라도 권리분석을 하는 것이 좋다.

권리분석을 대략적으로 미리 하고 현장에 가면 고민한 만큼 많이 보이게 된다.

1. 유치권 신고가 총 3건인데 김○○으로부터 금 1.4억원 공사대금채권에 대한 유치권신고, 매각부동산 내의 유체동산점유이전 및 처분금지가처분권자 이○○로부터 금 178,000,000원 채권으로 유치권신고, ㈜디자인○○로부터 금 1,200,000,000원 공사대금채권에 대한 유치권신고가 있어 유치권행사에 세심한 관찰이 필요했다.

2. 권리 신고된 상가 임차인이 9명 정도였으나, 대항력 있는 선순위 임차인은 없었다. 향후 낙찰을 받는다면 명도의 난이도를 미리 예측해 볼 수 있다.

02 현장답사

주변에는 공동주택 및 단독주택, 근린시설 등이 혼재했고, 사우나시설로는 많은 이용객을 확보할 수 있는 좋은 위치에 있었다.

내부시설은 지하 1층에는 근린생활시설로 매점, 휴게실, 수면실 등이 있었고, 지하 2층에는 남탕, 여탕, 찜질방, 불가마, 이발소, 마사지실, 식당, 영화관, 스낵바 등으로 이용 중이었다.

정상적인 영업을 하고 있었고 시설은 오래되지 않아 보였지만 경매중이서인지 왠지 어수선하고 관리가 덜 된 느낌이었다. 그렇지만 지하 1, 2층의 어마어마한 규모로 잘 정리하면 사우나 시설로는 규모면에서는 부족함이 없는 상태였고, 공사업체 유치권신고 내용을 떠올려보면 인테리어 시설을 한 흔적은 있었다. 그렇다면 점유를 직접하고 있는가를 집중적으로 검토를 해봐야 하는데 따로이 시설을 통제하거나 점유하는 흔적은 보이지 않았고 정상적인 영업을 하고 있다고 판단되었다.

친구와 둘이서 목욕을 마치고 나와 회의를 한 결과 입찰은 하되 낙찰이 된다면 유치권을 어떻게 해결하느냐가 관건인데 유치권의 성립요건이자 존속요건인 유치권자의 점유를 하지 않는다고 판단하여 과감하게 입찰하기로 결정하였다.

03 권리분석

1. 상가 임차인

목욕 시설의 임차인은 꽤나 많은 것이 보통이다. 목욕탕에 가본 사람은 다 알겠지만, 사우나시설 내에 있는 식당, 매점, 이발소, 세신, 구두닦이 등 대부분 인력이 목욕탕의 직영 직원들이 아니고, 개인사업자로서의 임차인들이 대부분이다.

이 경매사건에서도 마찬가지로 상가임차인으로 조사되어 있었고, 말소기준권리인 은행 근저당권보다 후순위여서 경매낙찰 후 따로 인수할 임차보증금은 없었다. 그런데 이런 점은 도리어 명도 때에는 불편한 점으로 작용한다.

왜냐하면, 대부분 임차인이 자금이 영세하고 임차보증금을 배당받지 못하고 보증금을 떼이기 때문에 배당받지 못한 임차보증금을 낙찰자에게 달라고 하소연을 하기 때문이다.
일단은 크게는 선순위 임차보증금을 인수할 것이 없었기 때문에 문제가 될 것은 없었다.

2. 유치권

유치권 신고가 총 3건인데 ①김○○으로부터 금 1.4억원 공사대금채권에 대한 유치권신고, ②매각부동산 내의 유체동산점유이전 및 처분금지가처분권자 이○○로부터 금 178,000,000원 채권으로 유치권신고, ③(주)디자인○○로부터 금 1,200,000,000원 공사대금채권에 대한 유치권신고가 있었다.
두 건은 비용이 비교적 크지 않아서 낙찰되고 만나보면 해결될 것이라 판단했고, 12억이나 신고한 것은 현장답사에서 알아보았더니 사우나 내부인테리어 시설을 한 것 같았으나 미점유로 추정되었다.
제3편 제4편 권리분석에서 살펴보았듯이 유치권이 성립되려면

경매개시결정 전부터 유치권자는 점유가 필수적인데 미점유의 경우 공사채권이 있다 하더라도 성립되지 않는다. 즉 유치권의 성립요건 모두가 충족하여야 유치권의 효력이 발생한다.

3. 제시 외 물건

사우나에는 영업을 위한 많은 시설물들이 있다. 낙찰 후 추가로 매입해야 할 물건들이 있나 점검해보아야 한다. 그러나 "입찰 외"란 용어는 다른 개념이다. "입찰 외"는 아예 경매 매각에서 제외된 것이라고 판단하여 명시한 것이기 때문에 경매로 취득할 수 없는 것이다.

그러나 이 경매사건에서는 입찰 외는 없었다. 다만 이동 가능한 식탁 등 유체동산은 매각으로 취득할 수 있는 것이 아니지만, 사우나를 운영하기 위하여 설치된 탈의실 옷장, 매점, 보일러실 등은 부합물로 취급되어 낙찰자의 것이 된다.

04 입찰

경매법정에 가면 제일 먼저 해야 할 일은 경매법정 바로 앞에 있는 오늘의 경매진행표를 게시해놓는다. 꼭 본인의 경매사건이 당일 진행되는지 확인해야 한다. 물론 경매 전날 대법원경매정보의 기일내역에서 경매 진행 상황을 체크하는 것도 필수이다.

경매법정에서 신경 쓰는 것은 응찰 인원 예측, 입찰가격 결정, 입찰서 정확한 작성이다.

몇 명이나 응찰할까 하는 궁금증이 들었다. 입찰장에서 세심하게 보았더니 사우나 카운터에서 보았던 주인의 얼굴이 보였다. 즉 다른 사람 명의로 입찰하겠다는 것으로 생각했다. 그렇다면 응찰 인원은 최소 3~4명 이상은 될 것이라고 생각했다.

최저가는 517,685,000원이었고, 전 경매가는 647,106,000원이었는데 아무래도 전 경매가를 넘겨야 할 듯 했다. 특히나 소유자가 다시 낙찰을 받으러 왔다면 그만큼 부동산의 가치가 있다는 방증 아닌가?

그래서 전 경매가에 5천만원를 더한 가격으로 690,010,000원을 써냈고 응찰자는 5명이었는데 운 좋게도 최고가매수인으로 선정되었다.

05 명도

낙찰을 받고 나면 이해관계인으로 취급되어 경매서류의 열람 및 복사신청이 가능하다. 낙찰 다음날 유치권신고서 3개를 열람 및 복사해서 꼼꼼히 검토해보니 해결이 가능해 보였다.

1. 유치권자 해결

① 김○○으로부터 금 1.4억원 공사대금채권에 대한 유치권신고
사우나 내부인테리어 공사시 "자재 납품비용"을 변제받지 못해 신고한 것이었다.

민법 제320조 제1항은 "타인의 물건 또는 유가증권을 점유한 자는 그 물건이나 유가증권에 관하여 생긴 채권이 변제기에 있는 경우에는 변제를 받을 때까지 그 물건 또는 유가증권을 유치할 권리가 있다."고 규정하고 있으므로, 유치권의 피담보채권은 '그 물건에 관하여 생긴 채권'이어야 한다.

대법원 2011다96208 판결에 의하면 갑이 건물 신축공사 수급인인 을 주식회사와 체결한 약정에 따라 공사현장에 시멘트와 모래 등의 건축자재를 공급한 사안에서, 갑의 건축자재대금채권은 매매계약에 따른 매매대금채권에 불과할 뿐 건물 자체에 관하여 생긴 채권이라고 할 수는 없음에도 건물에 관한 유치권의 피담보채권이 된다고 본 원심판결에 유치권의 성립요건인 채권과 물건 간의 견련관계에 관한 법리오해의 위법이 있다.

유치권자와 연락을 해서 만났다. 유치권신고에 따른 유치권이 성립되지 않는 이유를 미리 준비한 대법원판례와 사례 등을 포함한 서면을 건네주고 설득하였다. 처음에는 들으려 하지 않았으나 결국 이해를 하였고 유치권포기각서를 받았다.

② 매각부동산 내의 유체동산점유이전 및 처분금지가처분권자 이○○로부터 금 178,000,000원 채권으로 유치권신고

열람 복사한 결과 이○○는 매점을 임차하여 운영하고 있는 사람이었다. 신고한 금 178,000,000원은 매점임차 보증금이었다. 임차보증금은 당사자간의 금전채권이지 견련관계가 없으므로 이 부동산의 유치권과는 직접 관련이 없는 것이어서 문제가 없었다.

③ ㈜디자인○○로부터 금 1,200,000,000원 공사대금채권에 대한 유치권신고

열람 복사한 결과 문제가 될 여지가 있었다. 대금의 과대계상은 있어 보이지만 공사 미수급채권이 존재하는 것은 사실인 듯 보였다.

그런데, 유치권신고서를 꼼꼼히 살펴보던 중 살짝 미소가 나왔다. 유치권의 중요한 요소인 점유를 채무자 석○○를 통하여 해왔다고 기술되어 있었다. 채무자 석○○는 사우나를 운영하던 주인이었고, 사우나에 상주하고 있으니 점유는 매일 할 수 있으나 채무자를 통한 간접점유는 합법적인 점유로 인정되지 않는다.
유치권자 회사와 몇 번의 만남을 가졌다. 유치권자는 처음에는 인정하지 않다가 결국 유치권을 포기할테니 1억원을 달라고 했

다. 다시 만나서 협의를 한 끝에 5천만원에 협의를 마쳤다.

하지만 낙찰자 측에서 그 금액을 줄 수 없다고 하였다. 필자는 많은 경매 경험을 통해서 강제집행 비용도 그 이상이 들고 시간도 걸려 영업을 할 수가 없으니 그 금액에 협의하는 것이 좋다고 조언했지만 결국은 협상은 결렬되었고, 유치권부존재소송으로 맞섰다. 지리한 소송과 점유를 직접 침탈하다가 벌금형만 선고 받았다.

끝내 소송은 낙찰자의 승소로 끝났지만, 시간과 비용을 감안한다면 손실이 큰 상처뿐인 승리였다.

부동산경매로 낙찰받는 목적은 경제적인 이익을 추구하는 데 있다. 그 이상도 이하도 아니다. 기왕에 채무를 상환하지 못하여 경매로 나온 이상 내가 낙찰을 받지 않은 다해도 누군가는 낙찰을 받을 것이다. 또한, 채권자와 채무자 당사자 사이에 해결하지 못하는 채권·채무 관계를 제3자인 국가기관인 법원이 개입하여 경매라는 제도를 통하여 정리함으로써 그 문제로부터 해소되기 때문에 자본주의 체제하에서 탄생된 필요조건적인 제도이다.

이 경매사건에서도 알 수 있듯이 감정적으로 대처하다가 시간과 비용을 소비한다면 경매로 낙찰받는 행위의 의미가 감소한다. 법대로 해결하는 것을 원칙으로 하면서도 때로는 융통성을 발휘하여 협상을 함으로써 조기에 문제를 해결하고 비용과 시간을 줄이는 것이 방법이라고 생각한다.

2. 제시 외 물건

소유자측에서도 입찰에 나섰다가 패찰하자 낙찰자한테 어떻게든 비용을 받아내려는 입장이었다. 사우나에 온수 등을 공급하려면 대형 보일러가 필요했는지 지하 보일러 시설이 고가의 외제 장비가 설치되었다.

2기가 설치되었는데 1기당 1억원씩 총 2억원을 달라는 것이었다. 왜냐하면, 담보대출 받을 때 담보대상에 포함되어 있지 않았기 때문에 낙찰된 것이 아니므로 낙찰자는 별도로 비용을 내고 사가라는 것이었다.

이것 역시 제3편 권리분석에서 살펴본 "제시 외 물건" 이론처럼 경매 감정평가에 포함되지 않았다 하더라도 부동산에 부합된 부합물로 경매로 취득되었다고 설득하였다. 결국, 강제집행 시 남겨 두고 떠났고 추가로 비용은 지출하지 않았다.

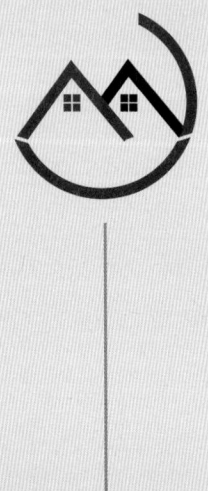

제4장 토지경매

01 물건검색

02 현장답사

03 권리분석

04 입찰

■■ 공유지분의 처분, 사용, 수익, 관리행위

■■ 건축허가권의 승계

제4장   토지경매

01 물건검색

2023년 9월 추석 연휴 직전에 친구랑 셋이서 양평에 바람 쐬러 나들이를 나섰다. 가을 기운이 어느 정도 느껴졌고 남한강을 따라 한적한 기분으로 드라이브를 하기에는 참 좋은 날씨였다. 단풍도 조금씩 물들어가고 있었으며 추석 명절을 준비하는 사람들로 재래시장은 비교적 북적여서 명절 분위기를 한껏 느낄 수 있었다.

친구 하나가 유통사업을 하고 있었는데 경제적인 여유가 어느 정도 생겨 양평 부근에 전원주택부지나 전원주택을 매입하려고 알아보고 있는 중이었다.

다른 친구 하나는 부동산중개업을 하고 있어 나들이 겸 부동산 현장답사 할 목록을 작성하여 나왔는데
첫째 토지는 경기도 퇴촌에 있는 전원주택이 듬성듬성 있는 동네로 토지 옆에 개울물이 흐르고 있는 나대지였고
둘째는 양평 국수리에 있는 신축한 지 1년여 된 건축업자들이 지어놓은 2층짜리 단독주택이었고
셋째는 동여주IC에서 차량으로 5분 정도 거리에 있는 경매로 나온 전원주택 부지였다.

제4편
부동산경매 실전사례

우리는 현장답사를 마치고 돌아와서 저녁식사로 삼겹살에 소주 한잔하면서 오늘 다녀온 것에 대하여 이야기를 나눴다.

전원주택이나 부지를 찾았던 친구가 하는 말이 개울물이 흐르고 있는 퇴촌에 있는 나대지가 가격도 저렴하고 위치도 좋고 여러 가지로 제일 마음에 든다고 하였다. 나머지 두 사람도 그 말에 동의하였다.

양평 국수리에 있는 단독주택은 건축업자들이 찍어내듯 건축하였고 미분양 물량임에도 불구하고 가격이 착하지 않았다.

동여주IC 부근에 있는 경매로 나온 토지는 감정가대비 24%까지 떨어져 가격 메리트는 있는데 서울과 연고가 있는 사람한테는 전원주택지로 사용하기에는 약간 거리감이 있었다.

부동산중개업을 하는 친구가 다음날 즉시 광주시 퇴촌에 있는 토지를 구체적으로 알아보고 매도인 측에 매수 의사를 말했더니 이미 매각되었다는 것이었다. 솔직히 부동산중개업 시장은 그 속을 알 수가 없다. 싸게 판다고 광고하고 연락이 오다가도 살려고 정작 구매 의사를 보이면 팔렸다고 하는 것은 그 실체를 아직도 잘 모르겠다.

다음 날 저녁에 업무 끝나고 친구랑 셋이서 다시 모였다. 전원주택이나 전원주택 부지를 구입하려고 했던 친구가 하는 말이 "전원주택 구입은 나중에 하고, 우리 셋이서 투자하여 동여주

IC 부근에 있는 경매로 나온 토지를 낙찰받아 깨끗하게 정리하여 다시 매각하자"는 것이었다.

우리 셋은 잠시 생각하다가 만장일치로 그렇게 하기로 결정을 하였다.
추진력이 코뿔소 같은 유통회사 사장님, 경매전문가로 취득하고 유치권이나 건축허가 등을 깔끔하게 정리할 수 있는 필자, 분양이나 매각에 능력이 있는 부동산중개업 사장님 그렇게 셋이 모였으니 역할 분담을 하고 협력하면 그리 어렵지 않게 해결할 수 있다는 생각이 들었다.

이 경매물건은 토지면적이 2,205평인데, 감정가 7억2천만원에 최저가가 1억7천만원까지 내려갔으니 감정가대비 24% 정도였으므로 구미가 당길만 했다.
그래서 우리는 다음 날 점심때 만나서 현장답사를 하기로 약속하고, 이번 답사에서는 좀 더 구체적으로 현장조사를 하자고 약속하고 헤어졌다.

제4편
부동산경매 실전사례

사건내용

여주4계 2022 타경 30070[1] 임야		
과거사건	여주6계 2019-32366	
관련물건번호	1 낙찰 / 2 매각	
소재지	경기 여주시 북내면 서원리 253-20 [일괄]253-12, 253-13, 253-14, 253-15, 외2	도로명주소
경매구분	임의경매	채권자	검단농협
용도	임야	채무/소유자	임재민	매각기일	23.12.20 대납
감정가	724,543,000 (22.02.04)	청구액	404,466,980	다음예정	
최저가	173,963,000 (24%)	토지면적	7,292.0㎡ (2,205.8평)	경매개시일	22.01.14
입찰보증금	52,188,900 (30%)	건물면적	전체 140.0㎡ (42.4평) 제시외 140㎡ (42.4평)	배당종기일	22.04.21
주의사항	일부지분 · 특수件분석신청		
조회수	·금일조회 1 (0) ·금회차공고후조회 49 (9) ·누적조회 561 (71) 0는 5분이상 열람		조회통계

02 현장답사

첫 번째 현장답사를 하러 갔었을 때는 당일 답사했던 광주 퇴촌 토지가 마음에 들어 나머지 두 개는 대충 구경만 하다시피 하고 왔었는데, 이번에는 낙찰을 받을 마음을 결정하고 다시 가는 것이니 이것저것 구체적으로 살펴보아야 했다.

302 토지경매 - 현장답사

현장답사를 하러 가기 전에 대략적인 권리분석을 하고 가는 것이 좋다. 왜냐하면, 현장에 갔을 때 토지의 입지나 형상도 관찰하여야 하지만 권리에 문제가 있어 보이는 논점들을 미리 체크하고 현장에 가면 훨씬 더 깊이 있게 볼 수 있기 때문이다.

경매낙찰은 필자의 담당이었기에 답사 전날 밤 간략하게 권리분석을 해보았다. 주요 검토할 내용으로는 ①3인 공유지분 ②진입도로 ③건축신고 ④유치권 등이었다.

동여주IC에서 차로 5분 거리인데 양평군 지평면과 인접한 지역이다. 차량 내비게이션만 쫓아가다 보니 옆 부지로 올라가고 말았다. 옆 부지는 토목공사와 옹벽작업이 공사 중이었고, 몇 개의 전원주택 부지로 분할하여 작업 중인 것으로 보였다. 기왕 온 김에 둘러보려고 차에서 내렸더니 아저씨 한 분이 따라 오셔서 사유지이니 나가 달라는 것이었다. 경매토지 답사왔다고 말하자 여기가 아니라 내려가서 왼쪽으로 가면 나온다고 안내해주었다.

경매토지는 입구까지만 갈 수가 있었고 차량으로는 올라갈 수 없어 차량을 주차해놓고 토지의 정상까지 올라갔다. 진입로에는 잡풀이 무성하였고, 시공된 주차박스는 낙찰을 받는다면 왠지 철거해야만 할 듯 좋아 보이지 않았다.

토지의 총면적이 2,205평이나 되므로 진입로하고 제척되는 부지를 제외하더라도 대략 10개 정도의 전원주택을 건축할 만한 면적이라 생각이 들었다. 그런데 공사가 되지 않은 일부 필지는 토목공사 비용이 만만치 않게 들어갈 수 있다는 생각이 들었고, 서로 토목공사 비용에 관하여 대화를 나누면서 내려와 차량에 탑승하여 돌아가려 하니 아까 따라와 길 안내를 해주었던 아저씨와 몇 명의 사람들이 모여서 우리를 보고 뭐라 말을 하는 것 같아 차를 세우고 그들에게 가서 이야기를 나누게 되었다.

50~60대 되는 아저씨 4명과 50대가량의 여자분이 있었는데 간단하게 자기소개를 하면서 그 중 여자분이 자기가 진입도로 부분에 공유지분권자라고 했다. 그러자 60대 남자 한 분이 낙찰받으면 그 지분을 3억원에 사가라고 하면서 자기들끼리 큰 소리로 웃어댔다.
그러자 한 남성이 "이 누님은 서울에서 부동산을 크게 하다가 낙향하여 전원주택 개발을 한다"고 자랑하였다.

경매토지에 대하여 몇 가지 질문을 하니 아리송한 이야기들을 해주었다. 젊은 사람들이 전원주택지로 개발을 하다가 자금이 부족해서 사업을 포기하였다는 것인데 거기까지는 이해가 되었다. 그런데 자기들의 돈도 거기에 묶여 있다고 하기도 하고, 그 속에 포함되어 있는 지분을 매입하지 않으면 건축허가도 받지 못하고 사업을 할 수 없다는 등 어디서 어디까지가 진짜인지 알 수 없는 말을 했다.

우리 셋은 많이 좀 도와달라고 조아렸고 그들은 신이 나서 이 일대를 여자 사장님이 다 개발을 한다고 하면서 아마도 낙찰을 받으면 여자 사장님께 찾아와 도움을 받으라고 하였다. 그들의 모습이 여왕벌 한 마리와 일벌 몇 마리가 섞여 있는 듯한 생각이 들어 속으로 웃음이 났다. 우리는 고맙다고 인사를 하고 서울로 향했다.

지적도 (감정평가서 참조)

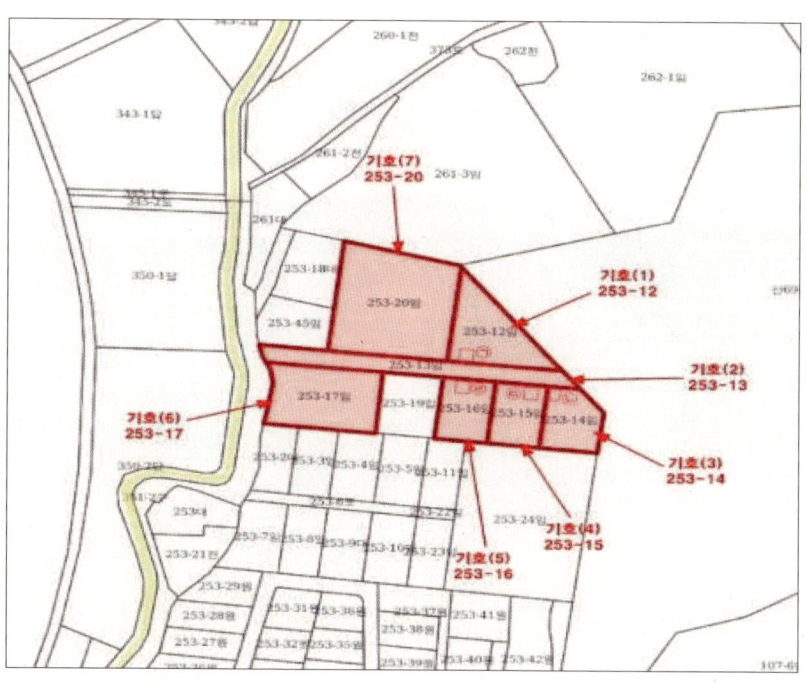

제4편
부동산경매 실전사례

현장 사진 (감정평가서 참조)

03 권리분석

권리분석이란 등기부상의 권리와 등기부 외의 권리가 낙찰자에게 인수할 권리가 있는지를 입찰 전에 분석하는 것을 말한다.

당해 물건의 등기부상 말소기준권리는 최선순위인 검단농협의 근저당권이고, 후순위는 근저당권과 근저당권압류 그리고 임의경매등기 등이어서 낙찰 후 전부 말소되기에 인수할 권리는 없다.

이 물건의 권리분석 초점은 ①건축인허가 실효여부 ②진입로인 253-13번지의 3인 공유지분 중 1인의 지분만 매각대상에 포함, 2인의 지분은 매각제외 ③유치권 존재 여부 등이다.

1. 건축인허가

건축허가란 건축물을 건축하거나 대수선하려는 경우에 「건축법」에서 정하는 건축물의 대지·구조·설비·용도 등의 기준에 부합하는지를 사전에 검토한 후 관할 행정관청에서 허가 여부를 결정함으로써 건축물의 안전·기능·환경·미관을 증진하고자 하는 제도를 말한다.

건축신고란 건축허가의 대상이더라도 용도지역별로 일정 규모 미만의 경우에는 건축허가를 하지 않고 간이한 방법으로 신고하는 방법을 말한다.

당해 물건의 경우처럼 관리지역 내에서 연면적 200㎡ 미만, 3

층 미만의 경우에는 건축신고만으로도 가능하다. 당해 경매부동산의 경우에는 토목공사가 이루어졌고, 주차박스 콘크리트 공사가 있었기에 짐작건대 건축인허가가 이루어졌을 것으로 보고 면사무소에 전화를 걸어 확인해보니 올해 초부터 건축인허가 업무는 시청으로 이관되었다고 알려주었다.

시청 담당자와 통화를 해보니 건축신고가 있었으나, 장기간 공사를 하지 않아 실효되었다고 말했다.
토지를 낙찰받는다면 건축인허가를 받고 1필지를 150평 정도로 나누어서 정리하여 매각하는 것이 기본 전략이었기 때문에 다시 건축인허가를 받아야 하는 입장이었다.

2. 기호(2) 253-13번지 공유지분

공유지분 현황

순번	이름	지분(%)	면적(평)	감정가(원)	경매대상여부
01	임○○	73.76	221.28	32,895,000	경매대상
02	정○○	18.26	54.78	8,145,000	경매제외
03	황○○	7.97	23.91	3,555,000	경매제외

경매의 대상인 임○○의 73.76% 지분 221.28평만 낙찰을 받기 때문에 나머지 2인의 지분을 추가로 매입하거나 건축인허가시 사용승낙을 받아야 하는 입장이다.
왜냐하면 기존 건축신고는 실효되어서 다시 받아야 하는 입장이었고, 또 건축인허가를 받지 않은 잔여 부지도 있었기에 2인

의 지분을 추가로 매입하거나 사용승낙을 받아야 하는 것은 선택이 아닌 필수사항이었다.

지나고 보니 현장답사를 갔을 때 한 남자분이 정○○ 소유 지분이 진입도로에 포함되어 있는데 낙찰을 받으면 3억원에 사가라고 공갈치던 말이 기억이 났다. 등기부를 발급하여 정리해보니 정○○의 지분 54.78평이고, 감정가가 약 8백만원 정도였는데 말이다. 요즈음은 시골 사람들이 더 무섭다. 필자도 시골 사람 출신이지만 ㅎㅎ

그렇다면 정말 추가로 두 사람의 지분 토지를 매입하거나 사용승낙을 받는 방법밖에 없는 것일까?
정답은 있다. 공유지분권자가 나머지 지분권자에게 공유물분할청구를 하면 된다. 즉, 낙찰을 받는다면 나머지 2명의 지분권자에게 협의를 통하여 지분을 추가로 매입 협상을 해보고, 협의가 성립되지 않으면 법원에 공유물분할청구소송을 청구하면 물리적 분할과 경제적 분할 방법으로 나누어지지만 대게는 경제적 분할 방법인 "형식적 경매" 명령이 떨어지기 때문에 경매를 통하여 매입하는 방법이 있다.

이러한 공유물분할청구소송과 형식적 경매를 통한 매입은 두 지분권자에게서 지분을 매입하는 협상을 할 때 압박용으로 사용하려고 생각해둔 것이다. 대게는 강제적인 수단인 대체수단이 있다고 생각될 때 협상은 성립될 가능성이 커진다.

3. 유치권

실체법으로 규정된 유치권에 관한 민법의 규정과 절차적으로 실제 규정된 민사집행법에서도 유치권행사를 하려는 자는 "유치권을 법원에 신고하여야 한다. 라는 규정"은 없다. 즉, 유치권은 점유가 그 성립요건이지 신고가 성립요건이 아님을 주의하여야 한다. 다시 말해 유치권을 주장하려는 자는 유치물을 유치 점유함으로써 효력이 발생된다. 그리고 법원에 유치권신고가 되어있지 않더라도 현장에서 유치 점유하면 유치권의 효력이 발생한다.

그래서 건축현장에 관한 경매에서는 입찰 전에 현장답사를 하러 가기 전에 법원경매정보에서 유치권신고가 되어있는지를 확인하고, 현장에 가서도 유치 점유하는 유치권자가 없는지를 꼭 확인하여야 한다.

건축심의를 받고, 진입도로 공사를 하였으며, 주차박스 구조물이 있는 것으로 보아 유치권행사를 할 법도 한데 법원에 유치권신고도 하지 않았고, 현장에도 유치권행사의 흔적은 찾아볼 수 없었다.

현장답사를 하러 갔을 때 그 동네 일행 중의 한 사람이 말하기를 필자가 묻기도 전에 "경매가 들어가기 전에 유치권행사를 하였었는데 현장을 포기하였는지 요즈음 코빼기도 안 보인다"라고 했다.

즉, 점유를 하지 않고 있다고 말했고, 사실상 이 현장에서 유치권행사를 통하여 투입되었던 비용 일부라도 회수하려는 노력은 없는 것으로 판단할 수 있다.

04 입찰

권리분석 결과 진입도로 2명의 지분은 비교적 적은 금액이어서 낙찰 후 협의 매수할 계획이었고, 건축심의는 실효되어서 다시 받아야 할 입장이었고, 유치권은 행사하는 사람이 없어 고려할 필요가 없었다. 다만, 낙찰을 받는다면 진입도로 2인의 지분매입 비용과 추가 토목공사비용을 추산하여 수익분석을 하는 쪽에 분석의 무게를 두었다.

여주법원은 서울에서 꽤나 멀다. 친구와 필자 둘이서 아침 일찍 입찰에 나섰다. 너무 일찍 도착한 터라 법원 앞에 있는 식당에 가서 따뜻한 국밥으로 배를 든든하게 채웠다. 이번 입찰은 양평 등의 아파트 물건 등이 다수 포함되어 법정은 사람들로 북적였다.

경매법정 안으로 들어가려는데 누가 내 이름을 부르고 아는 체하는 것이 아닌가? 대학원 교수로 재직 중일 때 알게 된 학생이었다. 그분은 강남에서 부동산관리업무와 경매업무를 하는 사람이었다. 꽤 오랜만에 만남이었다. 입찰법정에서 진행되는

제4편
부동산경매 실전사례

시간은 대략 한 시간 정도 남짓 정도 된다. 물론 사건번호가 앞에 있으면 빨리 개찰하고 늦으면 한 시간 정도쯤 걸린다.

주의해야 할 것은 집행관에 따라서는 사건번호 순으로 개찰하지 않고 응찰자 수가 많은 사건을 먼저 개찰할 수 있으니 자기가 응찰한 사건이 뒷번호라 해서 화장실을 가거나 자리를 비우면 낭패를 볼 수가 있음을 주의해야 한다.
우리가 응찰한 사건이 점점 가까워지자 긴장감이 살짝 다가오고 있었는데 집행관이 진행하면서 하는 마이크 소리가 잘 들리지 않아 집중하여 듣고 있을 때 옆에 서 있는 젊은 여성 두 분이 집행관이 말하는 "차순위매수신고"가 뭐냐고 내게 물어보았다. 그런데 그 많은 인파 속에서 자세하게 설명할 수가 없어서 대충 설명하여 주었다.

조금 지나 우리 사건을 개찰하였는데 결과는 패찰이었다. 총 2명 입찰이었는데 패찰이었다. 입찰서류를 봉투째 받아 나오다가 낙찰자를 얼핏 쳐다보았더니 어디서 본 듯한 인상이었다. 아뿔싸 현장답사 갔을 때 20여 분 대화를 나누었던 사람 중의 하나였던 것이었다.

그들에게 우리의 입찰 의지를 너무 드러냈다는 생각이 들었다. 그들은 사업지의 법률상 공유지분권자였고, 우리가 자세히는 알 수가 없었지만, 그 토지의 개발사업에 어떤 식으로도 관여가 되었을 것이라는 생각이 들었다. 그 들의 입장에서는 우리가 적극적으로 입찰에 응할 것이라는 판단이 들었으니, 그들은 좀 더 높은 금액으로 응찰가격을 써냈을 것이다. 결국, 상담한다면서 우리의 속만 드러낸 결과를 초래했다.

다 잡은 물고기를 방심하여 놓친 결과를 낸 것 같아 돌아오는 길이 편치는 않았다. 하지만 경매물건은 계속 나온다. 이번 입찰을 통하여 하나의 경험을 한 것으로 만족하고 현장답사에 좀 더 세심한 주의가 필요함을 느꼈다.

한편 우리는 패찰하여 법정을 빠져나왔다. 법정에서 차순위매수신고를 물어보았던 여성 두 분도 법정 밖에서 다시 볼 수가 있었다. 법정 안에서 자세히 설명할 수가 없었던 차순위매수신고를 자세히 설명해주었더니 감사하다고 말하며, 자기 들은 올해 대학을 졸업한 동기이며, 취업하지 않았고 경매를 직업으로 선택하여 공부도 같이하고, 매매법인을 만들어 물건검색부터 명도까지 같이하는 한 팀이라고 소개했다.

필자가 경매를 처음 시작했던 시절과는 많은 변화가 있다. 취업을 아예 하지 않고, 경매아카데미 등을 통해 공부하고, 경매를 전업으로 하는 20대 중반의 여성이라는 것이 놀랍기도 하고 참신하기도 하였다. 그만큼 자신의 인생에 진지하다는 생각이 들기도 하였다.

■■ 공유지분의 처분, 사용, 수익, 관리행위

01 민법의 규정

*제262조(물건의 공유) ①물건이 지분에 의하여 수인의 소유로 된 때에는 공유로 한다.
②공유자의 지분은 균등한 것으로 추정한다.

*제263조(공유지분의 처분과 공유물의 사용, 수익) 공유자는 그 지분을 처분할 수 있고 공유물 전부를 지분의 비율로 사용, 수익할 수 있다.

*제264조(공유물의 처분, 변경) 공유자는 다른 공유자의 동의없이 공유물을 처분하거나 변경하지 못한다.

*제265조(공유물의 관리, 보존) 공유물의 관리에 관한 사항은 공유자의 지분의 과반수로써 결정한다. 그러나 보존행위는 각자가 할 수 있다.

*제266조(공유물의 부담) ①공유자는 그 지분의 비율로 공유물의 관리비용 기타 의무를 부담한다.
②공유자가 1년 이상 전항의 의무이행을 지체한 때에는 다른 공유자는 상당한 가액으로 지분을 매수할 수 있다.

*제267조(지분포기 등의 경우의 귀속) 공유자가 그 지분을 포기하거나 상속인없이 사망한 때에는 그 지분은 다른 공유자에게 각 지분의 비율로 귀속한다.

*제268조(공유물의 분할청구) ①공유자는 공유물의 분할을 청구할 수 있다. 그러나 5년 내의 기간으로 분할하지 아니할 것을 약정할 수 있다.
②전항의 계약을 갱신한 때에는 그 기간은 갱신한 날로부터 5년을 넘지 못한다.
③전2항의 규정은 제215조, 제239조의 공유물에는 적용하지 아니한다.

*제269조(분할의 방법) ①분할의 방법에 관하여 협의가 성립되지 아니한 때에는 공유자는 법원에 그 분할을 청구할 수 있다.
②현물로 분할할 수 없거나 분할로 인하여 현저히 그 가액이 감손될 염려가 있는 때에는 법원은 물건의 경매를 명할 수 있다.

02 공유지분의 처분

공유자는 자기의 지분을 자유롭게 처분할 수 있다. 즉 공유자가 자기의 지분을 양도하거나 교환 담보에 제공하거나 포기하는 행위 등을 다른 공유자의 동의 없이 자유롭게 할 수 있다.

그러나 위와는 달리 자기 지분에 지상권, 전세권 등 용익물건을 설정하는 것은 공유자 전원의 동의가 필요하다. 왜냐하면, 용익물건의 설정은 그 효과가 공유물 전체에 효력이 사실상 미쳐 공유물 전체를 처분하는 결과가 되기 때문이다. 건축인허가시 행정관청에서 나머지 지분권자 전부의 동의를 받아오라는 것도 도로가 생김으로 나머지 지분권자의 권리를 침해하는 것으로 이와 유사한 성질을 갖는다고 이해할 수 있다.

03 공유자우선매수신청권

공유자 1인의 지분이 경매 매각대상이 되어 처분되는 경우 민사집행법에서는 다른 공유자의 이익을 특별히 고려한다. 즉, 공유지분을 매각하는 경우 다른 공유자에게 그 경매개시결정이 있다는 사실을 통지하고, 공유자로서 우선매수할 수 있다는 뜻을 통지한다.

공유자의 우선매수신청권을 인정하는 것은 공유물에 대한 일부 지분이 내부의 지분권자가 아니라 다른 사람에게 낙찰되어 권리관계가 복잡해지는 것을 방지하기 위한 것이다.

공유자우선매수신청권을 행사하는 방법은 두 가지가 있다. 하나는 매각기일 전까지 미리 법원에 그 권리행사 의사를 표시하여 일반 입찰자를 압박하는 수단으로 사용하기도 하고, 다른 하나는 의사표시를 하지 않고 입찰법정에 참여하였다가 다른 사람이 낙찰되면 그 낙찰된 가격으로 매입하겠다고 법정에서 의사표시를 하는 방법이 있다.

전자는 우선매수신청권을 행사하겠다고 미리 의사표시를 하였기에 입찰기일 날 우선매수신청권자가 입찰에 참여하지 않으면 다시는 그 권리를 행사할 수 없다는 단점이 있으나, 우선매수신청권을 행사하였다는 것이 표시되었기에 다른 입찰자는 낙찰받을 가능성이 거의 없어서 입찰을 꺼려하기에 우선매수신청권자가 100% 낙찰받을 가능성이 크다는 장점이 있다. 후자는 전자와 장단점이 반대로 생각하면 된다.

단, 공유자의 우선매수청권은 공유물 전체에 대한 경매에서는 그 적용될 여지가 없다. 또한, 공유물 지분의 경매라도 경매신청을 받은 당해 공유자는 우선매수신청권을 행사할 수 없다. (대법원 2008마693결정)(형식적 경매)

04. 공유물의 관리행위

공유물의 관리에 관한 사항은 공유자의 지분의 과반수로써 결정한다. (민법 제265조)
공유물의 관리는 공유자의 지분의 과반수로써 결정하는데 공유자 수의 과반수가 아니라 공유지분의 과반수로써 결정을 한다.

공유물의 관리행위는 공유물의 처분 정도까지 이르지 아니한 정도로 공유물의 이용·개량하는 행위를 말한다. 공유물의 임대행위, 임대차계약의 해지, 갱신 등이 대표적인 예다.

05. 공유물의 보존행위

보존행위는 각자 할 수 있다. (민법 제265조)

공유물의 멸실 훼손을 방지하고 그 현상을 유지하기 위한 법률적·사실적 행위이다.

예를 들면 장마로 도로가 파손되었다면 도로복구행위를 하는 것, 공유자 1인의 공유지분에 기한 방해배제청구나 공유물반환청구 등이다. 공유물의 보존행위는 각 공유자의 이익을 위해 단독으로 할 수 있는데 그 보존행위가 다른 공유자의 이익에도 도움이 되고, 긴급을 요하는 경우가 많다.

■■ 건축허가권의 승계

위의 경매 사안에 대해서는 건축허가권이 실효되어 있으므로 논의에서 제외한다. 토지를 낙찰받고 새로이 건축허가를 득해야 하는 상황이기 때문이다.

건축허가권이 유효한 경매 나온 토지를 낙찰받는다면 토지와 함께 허가권도 낙찰받는 것일까? 아니면 별도로 비용을 들여 건축인허가권을 인수하여야 할까?

크게 두 가지로 나누어 볼 수 있다. 첫째는 토지 위에 있는 건축인허가를 취소하고 다시 건축허가를 신청하여 받는 방법이고, 둘째는 토지 위에 있는 건축허가권을 낙찰자 스스로 승계받거나 추가비용을 들여 전 건축허가자로부터 인수하는 방법이다. 또한, 공매의 경우는 어떻게 다른지 알아보기로 한다.

01 기존 건축허가를 취소하고, 다시 건축허가를 득하는 방법

건축법 제11조 ⑦(건축허가의 취소) 허가권자는 제1항에 따른 허가를 받은 자가 다음 각호의 어느 하나에 해당하면 허가를 취소하여야 한다.

1. 허가를 받은 날부터 2년(「산업집적활성화 및 공장설립에 관한 법률」 제13조에 따라 공장의 신설·증설 또는 업종 변경

의 승인을 받은 공장은 3년) 이내에 공사에 착수하지 아니한 경우

2. 제1호의 기간 이내에 공사에 착수하였으나 공사의 완료가 불가능하다고 인정되는 경우

3. 제21조에 따른 착공신고 전에 경매 또는 공매 등으로 건축주가 대지의 소유권을 상실한 때부터 6개월이 지난 이후 공사의 착수가 불가능하다고 판단되는 경우

위 건축법 사항에 해당하면 건축인허가를 취소하고 다시 건축인허가를 받을 수 있다.

다만, 시간이 오래 걸린다는 단점이 있고, 건축허가와 관련된 개발행위허가, 농지전용허가, 산지전용허가가 같이 취소되며 원상회복 의무를 진다. 또한, 과거 허가난 시점과 법률과 상황이 변하여 동일한 인허가가 나오지 않을 수도 있다.

02 건축허가가 난 토지만을 낙찰받은 경우

국세청 질의회신(안건번호17-0124) : 토지를 경락받은 경우 건축관계자 변경신고시 권리관계의 변경사실을 증명할 수 있는 서류에 매각허가결정서 및 매각대금 완납서류가 포함되는지 여부
(질의) 건축허가 후 토목공사만 이루어져 외관상 건축물의 외형이 없는 상태의 토지를 경매로 낙찰받은 자가 제출한 해당

토지에 대한 매각허가결정서 및 매각대금 완납서류를 「건축법 시행규칙」 제11조제1항제1호에 따른 "권리관계의 변경사실을 증명할 수 있는 서류"로 볼 수 있는지?

(회신) 건축허가 후 토목공사만 이루어져 외관상 건축물의 외형이 없는 상태의 토지를 경매로 낙찰받은 자가 제출한 해당 토지에 대한 매각허가결정서 및 매각대금 완납서류를 「건축법 시행규칙」 제11조제1항제1호에 따른 "권리관계의 변경사실을 증명할 수 있는 서류"로 볼 수 없습니다.

(이유) 「건축법 시행규칙」 제11조제1항제1호에 따라 건축주의 명의를 변경하려는 양수인이 제출하는 "권리관계의 변경사실을 증명할 수 있는 서류"는 허가대상 건축물에 관한 권리관계의 변경사실을 증명할 수 있는 서류를 의미한다고 할 것인데(대법원 2015. 10. 29. 선고 2013두11475 판결례 참조), 건축허가 등을 받아 착공 신고한 뒤, 건축물로서의 외형을 전혀 갖추지 않은 상태에서 토목공사만 이루어진 토지를 경매로 낙찰받은 경우라면 아직 외형을 갖추지 못한 건축물은 해당 경매의 대상이 될 수 없을 뿐만 아니라, 매각허가결정에는 매각한 부동산을 적도록 규정하고 있는 「민사집행법」 제128조에 비추어 볼 때, 경매의 대상이 되지 않은 미완성 건축물은 매각허가결정서에 기재되어 있지 않을 것이므로 해당 토지에 대한 매각허가결정서 및 그에 따른 매각대금 완납서류로는 건축물의 권리관계의 변동사실을 증명할 수 없다고 할 것입니다.

결론적으로 건축허가는 대물적 성격이며 건축물을 대상으로 한 허가이므로 건축허가가 난 토지경매에서 토지만을 낙찰받은 경우에는 건축물의 권리관계에 변동이 없으므로 건축관계자변경 대상이 아니라고 할 수 있다. 즉, 건축허가권을 자동으로 승계받을 수 없다.

03 건축허가가 난 토지와 지상 건축물을 동시에 낙찰받은 경우

건축법 시행규칙 제11조(건축 관계자 변경신고) ①법 제11조 및 제14조에 따라 건축 또는 대수선에 관한 허가를 받거나 신고를 한 자가 다음 각호의 어느 하나에 해당하게 된 경우에는 그 양수인·상속인 또는 합병 후 존속하거나 합병에 의하여 설립되는 법인은 그 사실이 발생한 날부터 7일 이내에 별지 제4호서식의 건축관계자변경신고서에 변경 전 건축주의 명의변경동의서 또는 권리관계의 변경사실을 증명할 수 있는 서류를 첨부하여 허가권자에게 제출(전자문서로 제출하는 것을 포함한다)하여야 한다.

(1) 허가를 받거나 신고를 한 건축주가 허가 또는 신고대상 건축물을 양도한 경우
(2) 허가를 받거나 신고를 한 건축주가 사망한 경우
(3) 허가를 받거나 신고를 한 법인이 다른 법인과 합병을 한 경우

②건축주는 설계자, 공사시공자 또는 공사감리자를 변경한 때

에는 그 변경한 날부터 7일 이내에 별지 제4호서식의 건축관계자변경신고서를 허가권자에게 제출(전자문서에 의한 제출을 포함한다)하여야 한다. 〈개정 2007. 12. 13., 2017. 1. 20.〉

③허가권자는 제1항 및 제2항의 규정에 의한 건축관계자변경신고서를 받은 때에는 그 기재내용을 확인한 후 별지 제5호서식의 건축관계자변경신고필증을 신고인에게 교부하여야 한다.

대법원 2010두2296 판결[건축관계자변경신고수리처분취소]
토지와 그 토지에 건축 중인 건축물에 대한 경매절차상의 확정된 매각허가결정서 및 그에 따른 매각대금 완납서류 등이, 건축 관계자 변경신고에 관한 구 건축법 시행규칙 제11조 제1항 제1호에 규정한 '권리관계의 변경사실을 증명할 수 있는 서류'에 해당하는지 여부(적극)

【판결요지】
구 건축법(2008. 3. 21. 법률 제8974호로 전부 개정되기 전의 것) 제10조 제1항 및 구 건축법 시행령(2008. 10. 29. 대통령령 제21098호로 개정되기 전의 것) 제12조 제1항 제3호 각 규정의 문언내용 및 형식, 건축허가는 대물적 성질을 갖는 것이어서 행정청으로서는 그 허가를 할 때 건축주가 누구인가 등 인적 요소에 관하여는 형식적 심사만 하는 점, 건축허가는 허가대상 건축물에 대한 권리변동에 수반하여 자유로이 양도할 수 있고, 그에 따라 건축허가의 효과는 허가대상 건축물에 대한 권리변동에 수반하여 이전되며 별도의 승인처분에 의하여 이전되는 것이 아닌 점, 민사집행법에 따른 경매절차에서 매수인은 매각대금을 다 낸 때에 매각의 목적인 권리를 취득하는 점 등의 사정을 종합하면, 토지와 그 토지에 건축 중인 건축물에 대한 경매절차상의 확정된 매각허가결정서 및 그에 따른 매각대금 완납서류 등은 건축관계자 변경신고에 관한 구 건축법 시행규칙(2007. 12. 13. 건설교통부령 제594호로 개정되기 전의 것) 제11조 제1항 제1호에 규정한 '권리관계의 변경 사실을 증명할 수 있는 서류'에 해당한다고 봄이 상당하다.

결론적으로 토지와 그 토지 위에 건축 중인 건물을 낙찰받았을 때는 전 건축주의 동의 없이도 낙찰자 스스로 건축주 명의변경이 가능하다.

04 신탁공매에서 건축인허가권의 승계

경매와는 다소 차이가 있을 수 있다. 법리의 차이라기보다는 주관 주체의 차이라고 보는 것이 더 적합하다고 할 수 있다.

신탁공매의 경우 대부분 부동산소유권이 신탁회사 명의로 신탁등기가 되어있다. 또한, 신탁사 명의로 건축허가권이 등록되어 있는 경우가 있다. 이러한 경우 공매 대상 목적물 매각과 동시에 건축인허가권이 자동 승계된다. 또한, 건축 중인 건축물과 토지가 동시에 매각되는 경우에 "매각공고문"에 건축허가권도 자동 승계됨을 기재하는 경우를 볼 수 있다. 물론 신탁회사

공매담당자에게 연락해서 알아보는 것은 필수적이다.

건축인허가권에 대한 기본 정보는 당해 행정관청의 홈페이지나 사설 인허가검색사이트를 통해서도 알아볼 수 있다.

무궁화신탁 공매물건공고문 중 일부(특기 사항) 발췌
 "본 공매물건은 토지, 미완성건축물 및 본 공매물건과 관련한 일체의 인허가(건축주 지위와 기타 각종 인허가 상의 명의 등 포함)에 대한 권리 의무 등을 일괄매각하는 조건입니다."

제5장 토지만 경매

01 물건검색

02 현장답사

03 권리분석

04 입찰

05 소송

제5장 토지만 경매

토지경매와 토지만 경매를 구분해보자. "토지경매"는 지상 건축물이 없는 토지가 경매로 나왔을 경우이고, "토지만 경매"는 토지와 지상 건축물이 있을 때 지상 건축물은 경매에서 제외되고, 토지만 경매로 나왔을 경우로 구분하기로 한다.

그렇다면 건물이 있는 토지에 왜 "토지만 경매"로 나왔을까?
① 토지와 건물의 소유자가 같으나, 토지에 있는 채무를 갚지 못하여 토지만 경매신청한 경우
② 토지와 건물의 소유자가 다르고, 토지에 있는 채무를 갚지 못하여 토지만 경매신청한 경우
③ 건물을 신축하는 경우 건물 준공 전에 토지에 있는 채무를 갚지 못하여 토지만 경매신청한 경우
④ 토지 위에 무허가건물이나 미등기 건물이 있는 경우 토지에 있는 채무를 갚지 못하여 토지만 경매신청한 경우

위의 4가지가 대표적으로 토지만 경매로 나온 경우이다.
그렇다면 위와 같은 경우 건축물이 있는 토지에 토지만 경매로 취득하였을 때 건물의 처리를 어떻게 하나 하는 의문이 든다.

토지경매로 토지 위에 있는 건축물까지 취득한 것인가? 아니면 토지경매로 건축물을 취득하지 못했다면 향후 건축물의 처리는 어떻게 해야 할까? 하는 궁금증이 생길 것이다.

제4편
부동산경매 실전사례

01 물건검색

사설 경매사이트에서 "토지만 입찰"이라는 조건을 입력하고 검색하면 물건들을 만나 볼 수 있다.

특수조건 검색에서 토지만 입찰로 검색하면 건물이 있는데 토지만 경매로 나온 경우를 쉽게 찾을 수 있다.
사이트마다 달라 이런 특수조건 검색이 없다면 토지경매를 통하여 찾을 수 있다.

진행되었던 사건과 현재 진행 중인 "토지만의 입찰사건"을 소개하기로 한다.

골조 및 외벽공사 완료된 건축현장 (진행중)

의정부9계 2020 타경 92553 대지

사건내용

병합/중복	2019-14328(중복-이영일)		
과거사건	의정부11계 2017-24222 , 의정부 2019-2752		
소 재 지	경기 포천시 신읍동 199-1 [도로명주소]		
경매구분	강제경매	채 권 자	지안스건설
용 도	대지	채무/소유자	가야이노텍
감 정 가	1,226,260,000 (21.01.18)	매 각 기 일	24.01.24(수)10:30 [12일전]
최 저 가	144,269,000 (12%)	다 음 예 정	24.02.28 (100,988,000)
입찰보증금	14,426,900 (10%)	청 구 액	47,573,807
		토 지 면 적	645.4㎡ (195.2평)
		건 물 면 적	0㎡ (0.0평)
		경매개시일	20.12.24
		배당종기일	21.03.16

주의사항: · 유치권 · 선순위가등기 · 선순위가처분 · 선순위지상권 · 입찰외 [특수件분석신청]
· 소멸되지 않는 권리 : 갑구 순위번호 18번 접수 2015.11.20. 제47009호 소유권이전청구권가등기,
  갑구 순위번호 24번 접수 2019.3.28. 제10750호 가처분.
※ 위 내용은 "전회차 물건명세서" 상의 내용이므로, 재 공고시 변경될 수 있습니다.

조 회 수 : · 금일조회 4 (1) · 금회차공고후조회 11 (2) · 누적조회 721 (157)   ()는 5분이상 열람 [조회통계]

* 선순위 가처분, 선순위 가등기, 유치권, 입찰 외 등 특수권리가 존재함
* 감정가 : 1,226,260,000
* 최저가 : 144,269,000 (12%)

제4편
부동산경매 실전사례

건물이 임시사용되어 입주된 주상복합건물에 토지만 경매

본 장에서는 낙찰되었던 북부1계 2007타경10719 사건을 중심으로 기술한다.

02 현장답사

본 경매물건은 7호선 사가정 전철역 인근 상가지역에 위치한 나홀로 주상복합아파트에 있는 토지만의 경매이다. 본 건 지상에 임시사용승인을 득한 지하 4층, 지상 12층 건물이 있었다.

지하는 주차장 및 기계실 등이며, 지상 1~2층은 상가건물로 공실이었고, 지상 3층~12층은 54세대의 공동주택인 아파트에 이미 입주자가 있었다.

현장 1층 상가 담벼락에는 빨간색 페인트로 도끼와 해골 문양을 그려놓고 접근금지 경고문이 있었다. 그저 헛웃음만 나올 뿐이다. 토지경매인데 왜 건물에 이런 낙서를 해놓은 건지~~ 아마도 입주자들의 시행사나 채권자들에 대한 불만의 토로가 아닌지 모르겠다.

그렇다면 왜 입주까지 마친 아파트에 토지만 경매로 나왔을까? 건물을 신축하는 경우 건물 준공 전에 토지에 있는 채무를 갚지 못하여 토지만 경매신청한 경우이다.

제4편
부동산경매 실전사례

지상건물 사진

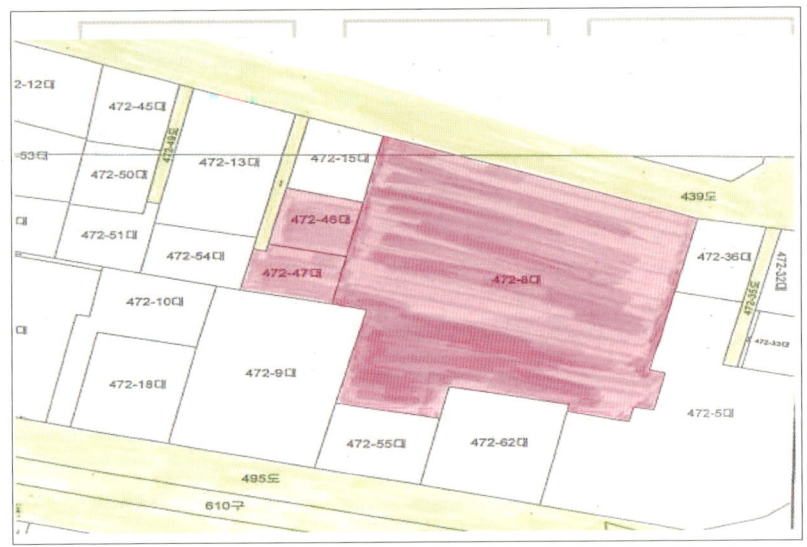

토지 지적도

03 권리분석

1. 매각대상 부동산

순번	지번	면적(평)	금액	비고
01	472-8	363.03	5,520,529,000	
02	472-46	23.99	285,480,000	
03	472-47	22.99	273,600,000	
합계	4필지	410.01	6,079,609,000	

권리분석의 핵심은 토지만 경매로 낙찰받았을 때 지상 건물의 처리는 어떻게 할 것이고, 결과적으로 토지 낙찰로 인하여 어떻게 수익을 낼 것인가이다.

특히나 지상 건물의 상가는 대부분이 공실이었지만 공동주택은 54세대나 되고 대부분의 입주가 마쳐진 상태여서 입주자들의 강력한 반발이 예상된 상태이다.

이것은 이른바 법정지상권의 문제이다. 즉, 건물의 소유자들은 토지를 사용할 수 있는 정당한 권원이 있으면 토지 낙찰자에게 지료를 지급하면 되고, 건물의 소유자들이 토지를 사용할 수 있는 정당한 권원이 없으면 철거 대상이 된다.
즉, 토지를 사용할 수 있는 정당한 권원이라 함은 법정지상권이 성립하면 건물의 소유자는 토지를 사용하는 대가로 지료를 지급하면 되고, 법정지상권이 성립되지 않는다면 건물은 토지

소유자에게 불법행위에 해당되어 철거 대상이 된다.

2. 적용 법률

이 경매사건에 적용될 핵심 적용 법리는 민법 제366조에 있는 저당권 실행에 의한 법정지상권이다.

제366조(법정지상권) 저당물의 경매로 인하여 토지와 그 지상 건물이 다른 소유자에 속한 경우에는 토지소유자는 건물소유자에 대하여 지상권을 설정한 것으로 본다. 그러나 지료는 당사자의 청구에 의하여 법원이 이를 정한다.

3. 적용 대법원 판례

대법원 2003. 12. 18. 선고 98다43601 (건물철거등)
동일인 소유의 토지와 그 지상 건물에 관하여 공동저당권이 설정된 후 그 건물이 철거되고 다른 건물이 신축된 경우, 저당물의 경매로 인하여 토지와 신축건물이 서로 다른 소유자에게 속하게 되면 민법 제366조 소정의 법정지상권이 성립하는지 여부 (소극)

[다수의견] 동일인의 소유에 속하는 토지 및 그 지상 건물에 관하여 공동저당권이 설정된 후 그 지상 건물이 철거되고 새로 건물이 신축된 경우에는 그 신축건물의 소유자가 토지의 소유자와 동일하고 토지의 저당권자에게 신축건물에 관하여 토지의 저당권과 동일한 순위의 공동저당권을 설정해 주는 등 특별한 사정이 없는 한 저당물의 경매로 인하여 토지와 그 신축건물이

다른 소유자에 속하게 되더라도 그 신축건물을 위한 법정지상권은 성립하지 않는다고 해석하여야 하는바, 그 이유는 동일인의 소유에 속하는 토지 및 그 지상 건물에 관하여 공동저당권이 설정된 경우에는, 처음부터 지상 건물로 인하여 토지의 이용이 제한받는 것을 용인하고 토지에 대하여만 저당권을 설정하여 법정지상권의 가치만큼 감소된 토지의 교환가치를 담보로 취득한 경우와는 달리, 공동저당권자는 토지 및 건물 각각의 교환가치 전부를 담보로 취득한 것으로서, 저당권의 목적이 된 건물이 그대로 존속하는 이상은 건물을 위한 법정지상권이 성립해도 그로 인하여 토지의 교환가치에서 제외된 법정지상권의 가액 상당 가치는 법정지상권이 성립하는 건물의 교환가치에서 되찾을 수 있어 궁극적으로 토지에 관하여 아무런 제한이 없는 나대지로서의 교환가치 전체를 실현시킬 수 있다고 기대하지만, 건물이 철거된 후 신축된 건물에 토지와 동순위의 공동저당권이 설정되지 아니하였는데도 그 신축건물을 위한 법정지상권이 성립한다고 해석하게 되면, 공동저당권자가 법정지상권이 성립하는 신축건물의 교환가치를 취득할 수 없게 되는 결과 법정지상권의 가액 상당 가치를 되찾을 길이 막혀 위와 같이 당초 나대지로서의 토지의 교환가치 전체를 기대하여 담보를 취득한 공동저당권자에게 불측의 손해를 입게 하기 때문이다.
결국, 이 경매사건에서와 같이 부동산개발사업 즉 신축사업에 주로 해당되는 논리이다.
토지와 건물에 공동저당권이 설정되었다가 건물이 철거되고 건물의 저당권이 소멸된 후 토지만 단독저당이 된 상태로 신축한 뒤 토지만 경매를 진행한 경우에는 건물은 토지에 대하여 법정지상권이 성립되지 않는다는 대법원판례이다.

4. 등기부 을구(저당권) 분석

■ 등기부 을구 지분권자 중 1인 이공숙 (저당권 설정 경로)

2 (전 7)	갑구7번이공숙지분 전부근저당권설정	2003년1월28일 제3227호	2003년1월28일 설정계약	채권최고액 금72,000,000원 채무자 이공숙 서울 중랑구 면목동 472-8 강호연립 에이-102 근저당권자 주식회사우리은행 110111-0023393 서울 중구 회현동1가 203 (성남중앙지점)
				부동산등기법 제102조의4 제2항의 규정에 의하여 건물등기 서울특별시 중랑구 면목동 472-8 제에이동 제1층 제102호로부터 전사 2003년7월31일 등기
2-1				공동담보 건물 서울특별시 중랑구 면목동 472-8 제에이동 제1층 제102호 대지권 표시등기 말소로 인하여 2003년7월31일 부기
2-2	2번근저당권공동담보소멸			건물 서울특별시 중랑구 면목동 472-8 제에이동 멸실 2003년7월31일 부기
27	갑구56번조규종지분전부및 갑구57번아람종합건설주식회사 지분전부및 갑구58번이선종지분전부및 갑구59번신삼방지분전부및 갑구60번백명제지분전부및 갑구61번박병수지분전부및 갑구62번홍순임지분전부및 갑구63번박기용지분전부및 갑구64번성탁훈지분전부및 갑구65번신현승지분전부및 갑구66번박재기지분전부및 갑구67번이춘옥지분전부및 갑구68번정종감지분전부및 갑구69번이광배지분전부및 갑구70번이귀례지분전부및 갑구71번김영기지분전부및 갑구72번이공숙지분전부근저당권설정	2004년7월29일 제31412호	2004년7월28일 설정계약	채권최고액 금2,730,000,000원 채무자 아람종합건설주식회사 경기도 성남시 분당구 궁내동 210-1, 201호 근저당권자 주식회사풍상호저축은행 110111-0338958 서울 강남구 논현동 90-7 공동담보목록 제2004-80호

이공숙 지분 토지 건물 공동저당권설정 ⇨ 건물 공동저당권에서 소멸 ⇨ 이공숙지분 토지 단독근저당권설정

04 입찰

건물은 토지에 대하여 법정지상권이 성립되지 않으므로 토지를 낙찰받는다면 건물은 토지에 대하여 토지 사용권이 없으므로 불법이 되므로 낙찰자인 토지소유자에게 건물철거권이 발생한다.

감정가 6,079,609,000원이며, 최저가 1,593,733,000로 감정가 대비 26%였다. 이때만 해도 토지만 경매라는 테마는 일반화되지 않았고, 소송이 불가피하게 수반될 가능성이 크기 때문에 입찰자가 많지 않았던 때이다.
결과적으로 단독입찰이었고 낙찰가는 1,820,000,000원이었다.

물론 소송을 통하여 사건을 정리하는데 시간이 오래 걸렸지만, 최초 경매 감정평가를 한 시점과 경매낙찰과 소송을 거쳐 다시 매각하게 된 시점까지는 꽤 많은 시차가 존재하기 때문에 재감정을 하여 감정가보다 더 높은 금액으로 토지의 가격을 재평가하고 그 재평가한 가격으로 건물소유자인 입주자들에게 분담하여 토지를 매각하여 높은 수익을 올렸다.

05 소송

낙찰을 받은 다음 낙찰자인 토지소유자는 예시한 대법원판례와 같은 논리로 건물 철거소송을 하여 승소하였다.

철거소송의 내용용은 실제로 건물을 철거하라는 의미보다는 재감정한 토지의 현재 가격을 건물의 입주민이 면적대비로 분할해서 매입하라는 판결이었다.

어쩌면 지상 건물에 살고 있는 입주민들을 대상으로 소송을 한다는 것은 불편할 수도 있다.

그러나 낙찰자가 경매신청을 한 것도 아니고 또한 누군가는 낙찰을 받아야 당해 경매사건의 채권·채무를 정리할 수 있기 때문에 합리적으로 생각하고 수익만 생각한다면 좋은 경매의 종목이 될 것이다.

제6장 모텔경매

01 물건검색

02 권리분석

03 입찰

04 명도

제4편 부동산경매 실전사례

제6장 모텔경매

01 물건검색

친구의 선배가 분당에 있는 경매학원을 다니고 있는데, 어느 정도 학습이 되었는지 실전 경매로 모텔을 낙찰받고 싶다고 해서 같이 필자를 찾아왔다. 그 선배라는 김사장은 인테리어를 업으로 하고 있는데 낙찰을 받는다면 직접 리모델링 공사를 하고 운영하다가 매각하겠다는 것이다.

김사장은 수원과 천안 대전 등지에서 활동을 하고 있다고 해서 그 도시를 중심으로 물건을 검색하던 중 유흥가 모텔 밀집지역 안에 있는 가격이 많이 떨어진 천안에 있는 물건을 하나 찾아냈다.

지상 8층, 지하 1층 건물로 감정가 2,899,382,960원에 최저가 696,142,000원으로 감정가대비 24%까지 내려가 있던 상태여서 가격적인 매력이 있었다.

천안역에서 가까웠고, 호텔과 유흥주점 등이 밀집하고 있어서 객실 손님은 풍부할 것이라 생각되었으며, 낙찰만 받는다면 꽤 큰 수익을 남길 것이라 생각했다.

천안2계 2009 타경 11654[2] 숙박

사건내용

관심물건	[사례] 메모:					수정
관련물건 번호	<	1 종결	2 종결			>
소 재 지	충남 천안시 서북구 성정동 745-7 도로명주소					
경매구분	임의경매		채 권 자	교○○○○○		
용 도	숙박		채무/소유자	신○○	매각기일	10.03.15 (1,021,000,000원)
감 정 가	2,899,382,960 (09.07.13)		청 구 액	3,130,716,581	종국결과	10.05.27 배당종결
최 저 가	696,142,000 (24%)		토지면적	507.4㎡ (153.5평)	경매개시일	09.06.04
입찰보증금	69,614,200 (10%)		건물면적	2,459㎡ (743.9평)	배당종기일	09.08.13
주 의 사 항	• 유치권 특수#분석신청					
조 회 수	• 금일조회 1 (0) • 금회차공고후조회 350 (6) • 누적조회 826 (7)				()는 5분이상 열람	조회통계

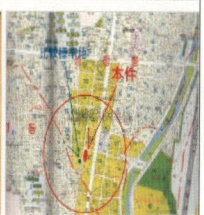

· 일괄매각. 제시외건물 포함. 2009.12.21. 박훈으로 부터 내부시설 및 인테리어 공사대금 일억칠천팔백만원에 대하여 유치권신고가 있으나 그성립 여부는 알수없음
· 2009.10.21 기타 김영래 유치권권리신고서 제출 (본 물건번호에 적용여부 확인요망)
· 2009.12.15 유치권자 김영래 부동산매각제외신청 제출 (본 물건번호에 적용여부 확인요망)
· 2009.12.21 유치권자 최라영 유치권권리신고서 제출 (본 물건번호에 적용여부 확인요망)
· 2009.12.21 유치권자 박훈 유치권신고서 제출
· 2009.12.24 유치권자 김영래 참조서면 제출 (본 물건번호에 적용여부 확인요망)

02 권리분석

권리분석 대상은 등기부상 권리와 등기부 외의 권리로 나눌 수 있다. 말소기준권리는 근저당권이었고, 그 이후의 권리들은 다 말소되는 권리여서 권리분석에 어려움은 없다.

등기부 외의 권리는 등기부에 기재되지는 않으나 낙찰을 받는다면 낙찰자가 인수하여야 할 권리들을 분석하는 것이다. 예를 들면 선순위 대항력 있는 임차인의 임차보증금, 유치권, 법정지상권 등의 권리가 적법하다면 낙찰자는 낙찰대금 외에 추가로 비용이 들어갈 것이다.

1. 상가건물임대차보호법상 임차인
상가건물임대차보호법상 임차인은 두 명이 등재되었는데 말소기준권리보다 후순위이여서 인수할 임차보증금은 없었다.

2. 유치권
상가임차인 박○으로부터 지하 유흥주점 내부시설 및 인테리어 공사대금 조로 170,000,000원 유치권 신고가 있었다.
그러나 임차인의 영업을 위한 인테리어 공사는 대법원판례상 유치권으로 성립되지 않는다는 판결이 있었기에 일단 입찰하는 데는 문제가 되지 않았다.
자산의 객관적인 가치증가가 아닌 영업시설을 위하여 카페 규모를 확장하면서 들인 내부시설공사 비용은 유치권이 성립되지

않는다. (대판 91다 8029)

3. 제시 외 물건

> 제시 외 건물, 감정평가에 포함
> ㄱ. 벽체이용 철골조 썬라이트지붕 1층, '비가림시설' 약114.7㎡
> ㄴ. 벽체이용 시멘트벽돌조 슬래브지붕 1층 '식당' 약44.6㎡
> ㄷ. 벽체이용 경량철골조 조립식판넬지붕 옥상 '전기실' 약30.8㎡
> ㄹ. 벽체이용 철골조 판넬지붕 1층 '비가림시설' 약68.5㎡
> ㅁ. 벽체이용 철골조 판넬지붕 1층 '비가림시설' 약57.1㎡
> ㅂ. 벽체이용 판넬조 슬래브지붕 1층, '휴게실' 약23.1㎡

감정평가서상 감정가격에 포함된 "제시 외 물건"이 많았다. 비 가림 시설, 1층 식당, 옥상 전기실, 1층 휴게실 등이 있었다.
실무상으로 감정평가에 포함된 제시외 물건은 경매를 당한 소유자나 채무자 측에서 문제를 제기하지 않는 한 낙찰로 취득한다. 물론 감정평가에 포함되지 않는다고 해도 부합물과 종물에 해당한다면 취득을 주장할 수 있다.
이 사안에서는 감정평가에 포함되어 마음 편히 입찰할 수 있었다.

4. 법정지상권 내지 제시외 물건
모텔 마당에 있었던 기계식주차장이 문제가 될 소지가 있었다. 법정지상권이 성립될 여지가 있고, 다른 측면으로는 감정평가에 제외되었기에 경매로 취득할 수 있느냐의 문제이다.

03 입찰

입찰 당일이 3월 15일인데 진눈깨비가 내리고 스산한 날씨였다. 차가 밀릴 것을 대비하여 새벽 일찍 서울에서 출발하여 천안 법원에 미리 도착하였다.
경매법정에 오면 항상 고민하는 것이 응찰금액이다. 보통 전 경매 최저가격과 현 경매 최저가격 사이에서 고민하다가 정하는 것이 일반적으로 행하여 왔던 방법이다.

그렇지만 이번 경매사건은 최저가가 감정가대비 24%였고, 현장답사와 권리분석을 해보니 낙찰을 받는다면 꽤 수익이 날 거라 판단하고, 마지막까지 고민하다가 전 경매 최저가격을 넘겨 적어냈다.
결과는 낙찰이었다. 감정가대비 35%의 가격으로 최고가매수인이 되었다. 무려 13명이나 입찰해서 낙찰되었으니 그 기쁨 또한 컸다.

"그럴 거면 저번 입찰기일에 혼자서 단독입찰해서 최저가로 낙찰을 받으면 되지"라고 말하는 사람들이 많다. 우리 인간은 그렇게 합리적으로만 살지는 못하는 존재인 것 같다.

04 명도

순서	일자	권리	권리자	비고
1	2003.01.11	소유권취득	신○○	
2	2004.04.08	저당권설정	교보생명	말소기준권리
3	2005.05.10	주차시설설치	신○○	허○○ 설치주장
4	2006.05.04	압류	천안시	
5	2007.07.16	임대차계약	김○○	지하 단란주점
6	2009.06.04	경매기입등기	법원	
7	2009.06.09	임대차계약	김○○	지상휴게실
8	2009.12.21	유치권신고	지하 임차인 박○○	인테리어시설
9	2010.03.15	매각	김○○	공동입찰
10	2010.03.22	매각허가	상동	
11	2010.04.19	유치권신고	공사업자 허○○	기계식주차장 설치비 2.5억
12	2010.05.27	기한 후 잔금납부	김○○	인도명령
13	2010.06이후	리모델링공사 후	운영, 매각	

권리분석 및 명도에 도움이 될 경매 일정을 정리해보았다.

1. 주차시설의 법정지상권

말소기준권리인 저당권설정일이 2004년 4월 8일이고, 주차시설설치 일자가 2005년 5월 10일이다.

이는 주차시설의 법정지상권 성립 여부를 판단하는 근거자료이다. 즉, 저당권설정일 이후 1년여 지난 후 주차시설이 설치되었으니 법정지상권이 성립되지 않는다. 주차시설이 법정지상권이 성립되려면 저당권설정일 이전에 존재하여야 한다.

주차시설의 설치 일자는 천안시 담당 부서에 연락해서 설치 일자를 확인할 수 있었다.

2. 유치권

지하 단란주점 영업인테리어 시설에 대하여 박○이 178,000,000원 유치권신고를 한 상태였지만 전술한 바와 같이 대법원판례에서 밝혔듯이 유치권이 성립되지 않는다.

낙찰받고 일주일이 지나서 매각허가결정이 난 뒤 지하 단란주점에 찾아갔다. 명도 협상을 위해 갈 때는 불필요한 마찰을 피하기 위해 가급적이면 혼자 가는 것이 좋다. 서로의 입장을 들어보고 의사를 전달하는 첫날이기 때문에 한 번에 해결하겠다는 조급증을 버리는 것이 좋다.

서로의 견해차를 확인하였지만 준비해간 내용증명과 명함을 전달하고 서로 연락하자는 말을 남기고 나왔다. 대부분 만난 자리에서는 큰소리를 치지만 헤어지고 나면 내용증명을 주변 법률관계 전문가에 상의해볼 것이다. 상의해보면 결과적으로 내용증명의 내용이 틀린 것이 없음을 깨닫게 된다.
한 주가 지나자 만나자는 연락이 왔다. 유치권을 포기할 테니 지하 단란주점에 계속 영업을 할 수 있게 도와달라는 것이었다. 바라는 바였던 터라 보증금을 줄이고 월세를 높여 재임대 계약을 하기로 하고 유치권과 명도 그리고 임대를 한 번에 해결하였다.

이 사건 또 하나의 유치권신고에 대하여 특이한 점은 기계식주차장 시설비용 조로 낙찰된 후 잔금납부 직전에서야 허○○는 2억5천만원을 법원에 신고하였다.
실무적으로 어려운 점은 잔금대출에 차질이 생겼다는 것이다. 유치권신고가 되면 은행에서는 일단 대출을 꺼린다. 유치권자와 합의서 내지는 유치권 포기각서를 받아오라고 한다.

잔금납부 직전에 작정하고 유치권신고를 한 것을 보면 쉽게 해결되지 않을 일이 발생한 것이었다. 은행과 잔금대출 협의를 다 맞추어 놓은 상태에서 당혹스러웠다.

시간이 촉박한 상태여서 일단 유치권자를 만나기로 했다. 만나보니 2억5천만원을 들여 설치한 기계식주차장 비용을 받지 못했으니 변제하라는 것이었다. 대화를 나누다 보니 뭔가 횡설수설하는 느낌을 받았고, 진정한 유치권자가 아니라는 확신을 받았다.

한참을 대화를 나누다가 허위유치권 행사를 하면 사기죄 등으로 형사처벌을 받을 수 있다는 설명을 하고 헤어졌다.

다음날 경찰서에 사기죄 등으로 형사고소를 하였다. 결국, 며칠 지나 유치권신고를 한 사람에게 연락이 와서 유치권포기각서를 받고 무사히 대출을 받고 잔금납부를 마칠 수 있었다.

낙찰된 후 갑작스러운 유치권신고 때문에 형사고소 및 유치권 포기 합의 등을 거쳐 예정되었던 잔금기한을 조금 지난 기한 후 납부를 통하여 가까스로 사건을 종결할 수 있다.

3. 제시 외 물건

잔금납부 후 비 가림 시설 등과 기계식주차장을 취득의 문제가 남아 있었다.

비 가림 시설에 대하여는 감정평가에 포함되어서인지 소유자가 문제를 제기하지 않아 큰 문제 없이 해결하였으나, 기계식주차장은 경매대상에 포함되지 않았으니 설치비용을 달라고 요구하였으나 법정지상권이 성립되지 않음을 설명하고 모텔 영업을 하기 위해서 설치한 것으로 부합물에 해당하니 낙찰로 포함되었다고 설명하고 난 뒤 결국 협의하여 이사비용 조로 합의금을 주고 이 사건의 명도를 마무리 지었다.

에필로그

나는 누구인가?
"나는 자연이다."라고 외치면서 평생을 살고 싶은가? 아니면 부자가 되어 나 자신이 하고 싶은 일을 하면서 살고, 남을 도우면서 살고 싶은가?

만약 부자가 되고 싶다면 그 하나의 방법으로 경매를 선택할 수 있을 것이다. 자본주의가 존재하는 한 경매제도는 존속하며 경매물건은 꾸준히 나올 것이고, 어차피 누군가는 낙찰을 받을 것이다. 지금도 늦지 않았다.

경매를 함에 있어서 단순히 가격을 높여서 낙찰받는 통상의 경매에서 벗어나 점차 창조적인 경매를 해야 한다. 즉, 남들이 꺼리고 어려워서 경쟁이 심하지 않은 종목에 더 연구하고 조사하여 고수익을 올리는 자신만의 아이템을 장착하여야 한다.

경매로 나온 물건을 낙찰받아 즉시 매도하여 단기차익을 올릴 수도 있고, 저렴하게 낙찰받은 물건을 소유하며 임대수익을 올리거나 매장, 음식점, 모텔, 사우나, 어린이집, 학원, 병의원, 양로원 등 수익사업을 할 수 있을 것이다.

아무쪼록 경매를 통하여 독자 여러분의 아름다운 미래를 건축하길 진심으로 기원한다.